フロイトと教育

デボラ・P・ブリッツマン［著］
下司　晶・須川公央［監訳］
波多野名奈・関根宏朗・後藤悠帆［訳］

Freud and Education

Deborah P. Britzman

勁草書房

FREUD AND EDUCATION 1st edition
by Deborah P. Britzman

Authorised translation from the English language edition published by Routledge,
a member of the Taylor & Francis Group LLC
Japanese translation published by arrangement with Taylor and Francis Group
through The English Agency (Japan) Ltd.

はしがき

フロイトと教育――このタイトルは凡庸にすぎるだろうか。

フロイト（Sigmund Freud, 1856-1939）と彼が創始した精神分析ほど、二十世紀以降の教育に大きな影響を与えた思想はない。子ども時代の心的外傷や発達の阻害がその後の成長に深刻な影響を及ぼす可能性があることは、今や常識となっている。トラウマ（心的外傷）、無意識、コンプレックス、アイデンティティ、モラトリアム、ナルシシズム、アンビヴァレンツ（両価性）、アタッチメント（愛着）等々、もともとは精神分析の専門用語だったものが日常に定着している例も多い。PTSD、児童虐待やドメスティック・バイオレンスなどを問題化するようになった潮流の源泉が、フロイトにあることも疑いない。

フロイトと教育――あるいはこのカップリングは、あまりにもミスマッチだろうか。

前述の人口への膾炙とは裏腹に、フロイトと教育とが直接に結びつくことは存外に少ない。なによりフロイト自身は教育に関してまとまった著作を残していない。もちろん、症例「少年ハンス」以降、子どもを対象とした精神分析研究は蓄積されており、そのなかには教育経験が病因となっている例もある。とはいえそこから直ちに教育論や教育学が立ち上がるわけではない。フロイトや精神分析が現代の精神医学や臨床心理学の基盤となっていることは、ことさらにいうまでもない。そして同じく、現代の哲学や思想の源流ともなってきたことも、付言する必要などないだろう。フロイトを二十世紀の「時代精神」と表現する者さえいる。にもかかわらず教師など教育に携わる人の多くは、自らの教育実践をフロイトとは無関係なものと考えるだろう。精神分析を教育に応用する試みが全くないわけではないが、それが広く浸透しているとはいいがたい。

だがフロイトには、今なお現実化していない潜在的可能性が秘められているのではないか。フロイトと教育とを組み合わせることによって、この両者に新たなヴィジョンがもたらされるのではないか。そのために求められるのは、フロイトを教育に応用するといった一方向的な手法ではない。フロイトを通して教育を考え、教育を通してフロイトを考えるという往還運動によってはじめて、新たなフロイト像に、そして新たな教育の姿に出会うことができるはずである。本書の意図を簡単に述べれば、以上のようになるだろう。

本書の著者デボラ・P・ブリッツマン氏は、教育学者にして精神分析家でもあり、教育と精神分析という二つの領域を自在に行き来できる世界的にみても希有な存在である。詳細な経歴は「あとがき」に記すが、彼女は高校の教員を務めた後、教育学者として大学に職を得て、その後に精神分析家としても活動することとなった。現在はカナダのヨーク大学で教壇に立つとともに、精神分析家として心理臨床にも携わっている。

本書は、親や教師など教育に関わる人にとっても、将来教育の仕事に携わる学生にとっても、有益な一冊となるだろう。やや大仰な表現だが、本書を読めば誰もが教育においてフロイト思想を用いることができるようになるに違いない。しかしそのために必要なのは、フロイト理論にもとづく教育のマニュアルではない。教育も精神分析も人と人との不確かな相互作用によって生起するのだから、さらにいえば複雑な感情が入り交じってこそ成立するのだから、そもそもマニュアルなど作成不可能なのだ。

では私たちには、頼るべきものは何も残されてはいないのだろうか。詳細は本論に譲るが、ここであらためて思い起こして頂きたいのは、精神分析はフロイトの自己分析から生まれたという事実である。この原点に立ち返る時、教育者と被教育者の間にも、私たちとフロイトの間にも、これまでとは異なる相互作用が生まれることになるだろう。

読者にとって本書が、新たなフロイトとの出会いの契機となるならば、教育との新たな関わりへの兆しとなるならば、訳者としてこれ以上の幸せはない。

訳者を代表して　下司　晶

須川　公央

フロイトと教育／目　次

目次

目　次

第一章　フロイト、精神分析、教育

私たちは個々の構築物を一つの推測以上のものであるなどと言い張ったりはしない。それはまさしく、吟味され、証明され、あるいは棄却されることを待っている一つの推測にすぎない。私たちは構築物に対してどんな権威も要請することはないし、患者からどんな直接的な同意もとりつけることはないし、患者が最初それに対して反論してきても、患者と議論を行うこともない。

ジークムント・フロイト「分析における構築」
（1937b, S.E.23: 265= 全集二一：三五二）

一　イントロダクション

ジークムント・フロイト（Sigmund Freud, 1856-1939）と彼の「談話療法（the talking cure）」に

ついて、読者はいくらかの知識をお持ちのことだろう。よく知られているように、分析家は精神分析の臨床実践において、分析を受ける患者と毎週幾度も会い、「ただ、ひたすら話す」よう求める。この実践には何の準備も必要ない。しかし、フロイトはこの「自由連想（free association）」法、つまり思いついたことを口に出し、心に浮かんだことを話すという技法が、患者にある特定の障害をもたらすことに気がついた。フロイトによれば、自由連想は意識から遠ざけられた思考に影響される。そうした思考を話し出すと、患者がそれまで秘めてきた期待や信念を現実世界の事柄に結びつける心の機能が働きっぱなしになる。さらに感情の転移も呼びさまされるので、精神は過去の関係や固着、強迫観念のあいだをさまよい、それらはいずれ忘れ去られていくのである。

こうした臨床実践における奇妙な兆候をつぶさに観察し、患者が抱える問題を浮き彫りにする精神分析の手法を知れば、フロイトの精神分析とその斬新な学習理論の核心に迫ることができる。現代では実践での葛藤を解消するための適切な方法を求める願望が根強い。けれども、そうした願望のうちにこそ、フロイトの理論が新たに光をあてた問題がある。そもそも自由連想法は、葛藤の解消を目指すような方法ではなく、抵抗と未知の事柄にあふれた場で行われる。さらに自由連想法には、言語の特性が持つ別の困難もともなう。話し手と聞き手の双方の欲望が、分析のなかで交わされる言葉に影響をおよぼすのである。フロイトはこうした一触即発の問題を複数抱えた混合物に対して、心的現実という概念を提唱した。心の中で思い描く対象とその作用、空想、一連の考えといったとりとめのない世界は、外的現実と連動してはいるが、一致するものではない。このずれを認めることで、精神分析それ自体はより不確かなものとなっていく。分析家は、自分にも分からない何かを招来してしまうのだ。

　フロイトは、そうした無視されてきたもの、つまり夢や言い間違い、失錯行為、空想、機知、忘却された記憶など、精神が生み出す不明瞭な創作物に着目した。そしてこれらを意識に対する抵抗や反論として、さらには言語化され解釈される素材として扱ったのである。フロイトは、こうした奇妙な出来事の探求を通して、驚くべき精神の広大さと精神の脆弱な亀裂の理解へと行き着いた。私たちの神経症的な症状が、フロイトに導きの糸を与えたのだ。精神分析が抵抗にあうのは驚くことではない。しかし、フロイトはそれだけに留まらなかった。こうした意識に抵抗するものを精神分析の対象として、分析のための新しい語彙や構築物（constructions）(1)へと変換しようとしたのである。それらは、いずれ精神分析に対する障害となって回帰してくるかもしれない。こうしたナラティブの反乱（narrative revolts）(2)におけるあらゆる行為が、学習のメタサイコロジーを形づくっているのである。それらは、フロイトの思考様式や執筆スタイル、さらには語りや教育における戦略的特徴でもあるのだ。

　談話療法に関していうと、患者には必然的に沈黙する時がやってくる。もう言うべきことは語り尽くしてしまった、これ以上話すと分析家を侮辱してしまう、どうでも良いことしか口にしていない、同じ言葉を繰り返してばかりいる、といった不安を抱くためだ。あるいは患者が部屋に入るなり、黙りこもうと決心して、実際に何も話さないこともありうる。フロイトは思慮深く、患者のそうした「何もない（nothing）」という振る舞いのすべてを、無意識の生への入り口、患者の苦しみの物語へと徐々に分け入るための糸口として捉えた。患者が否定する事柄に注意深く耳を傾け、「私はそう考えているわけではありません」という反論を、何かが明るみに出ることへの怖れや怒りの諸表現からなる葛藤として理解したのである。フロイトは、そうした物事それ自体、あるいは認めがたい経験の力は、時間の経過とともに損なわれ、新しい事象へと改変されることを率直に認めていた。患者がどのようにしてどれだけの苦痛を受け止めてきたのかを理解する作業こそ、人生のさまざまな場面において残してきた課題であるのだ。こうした経験からフロイトは、話された言葉を病の兆候、性愛の現れ、さらには治療の手がかりとして扱うようになった。その話された言葉は、精神分析の作業における徴候的な情報源となり、患者が受けた教育の結果を徐々に変革させていく手段となる。患者は、自身が受けてきた教育についていかなる知も持ちあわせていないにもかかわらず、それは過去において理解されえなかった要素をともなって患者の現在に影を落としているのである。いうなれば、患者の発話は、彼（彼女）自身の叫びといえるのかもしれない。

フロイトの精神分析は、解釈についての包括的な理論である。凝固した経験のうちからその真意を汲みとり、それらを言語化することの困難へとフロイトは分け入った。意味の瓦解に関心を抱いた結果、彼は一見すると科学とは相容れないように見えるもの、すなわち情動や神話、欲望に科学的な焦点をあてることになった。症例研究を短編小説のような形で提示し、自らを最良の事例として扱い、創造的な著作家（詩人など）を引き合いに出し、おもちゃを使った子どもの遊びから理論を創り上げ、願望や夢の世界に特権性を認め、文学が心に喚起するものに対して科学的に接近したのである。しかし、それは同時にフロイト自身が感じた戸惑いや確信、自らが受けてきた科学的な教育、さらには通俗的な信念に逆らって実験的に仕事を進めてきたということでもある。さらに彼は、自分の理論が信じ難いものであることを率直に認めながらも、だからといってそれを放棄する理由はないと考えていたのである。

まず初めに精神分析が進取果敢に取り組んだのは、空想世界、夢、セクシュアリティである。フロイトは、そうしたものに情熱を注ぐことで「心の無意識的活動を知るための王道」(1900b, S.E.5: 608＝全集五：四一二) を歩むことになった。彼が初期に取り上げたテーマは、日常生活における突飛な考えやうつろいの解釈である。一九〇五年までには一連の著作物が刊行され、精神分析という斬新な試みが世に問われることとなった。夢解釈に関する最初の著作 (1900a, b) は、彼の自己分析から生まれたものである。次いで日常生活の精神病理に関する著作が出版され (1901)、さらにセクシュアリティに関する三篇の論考 (1905c)、機知と無意識に関する著作 (1905b) が続く。その後三十四年間にわたって、彼は自らの理論的、臨床的基盤の修正に努めたのである。いくつかの考えは放棄され、順序が変更され、不安の問題を重視するようになり、さらには確からしさを求める自らの傾向性もまた再検討に付された。より私的なものとしては、フロイトが残した膨大な書簡があり、その受け取り相手は彼の誤りや荒削りな草稿、友情への失望、消えない疑念などに対処することになった。しかし、相手の話に忍耐強く耳を傾ける姿勢は、変わることがなかった。フロイトは、患者が抱くリビドーの切なる思いの内にある、好悪をともなうさまざまな感情（valence）[3]が発する言葉を聴き取った。そうした切実な思いは、忘れ去られ凝固した患者の歴史から生じる。さらにフロイトは、その言葉を正しく解釈できれば、患者は自らの信じられないような経験を、その語りを通して思考できるはずだと主張した。その語りとは、フロイトが構築物（constructions）と呼んだ事後的に捉え返された意味であり、それはまた、患者が自らをとらえて離さない過去の出来事の記憶から、その身を引き離すためのやり直しの機会でもあるのだ。治療や生に関するフロイトの執筆方法がそうであったように、精神分析療法には、脆く儚い学びに従事する見習い期間が必要なのである。

フロイトの理論には、言語の主体は極めて不明瞭であり、浮遊する意味は情動に応じてまとまりを失い、意識、前意識、無意識という心的な層に隠されてしまうという考えが常にともなっていた。ある意味では、彼の言語観は夢の仕事を、すなわち夢が圧縮や代替、対立物への反転、呈示可能性への顧慮、置き換えなどの機制を通してめぐらす策略を忠実に反映しているといえる。こうした機能ゆえに、意識の境界や日常的に行われる区別立て、さらにはカテゴリーの分類に混乱が生じることになる。いいかえれば、言語はまるで、幼年期の葛藤からなる工作物を暗示する形容詞のみを連想させるものとして扱われるのだ。フロイトは、個々人が本当に言いたいことを何とか言わずに済ませたり、意図しないことをつい言ってしまったりする言い振りについて、ありふれたものや風変わりなものも含めて注意深く聞き入った。それは、たとえば次のようなものだ。他界した故人にふと話しかけている、偽りの結合（misalliances）が無意識のうちに伝わってしまう、子どもの時分から蓄積されてきた心像や情動、言葉が、現在における物事の表現と理解に影を落とす、聞き手が話し手の発言を聞き違える、一つの言葉が沢山の事柄を指し示したりする、などである。こうした転移現象を考察することで、フロイトは信用できず聴き取ることもできない意味の粗い外縁、心的な生を構築し、解体する歴史の欠片に辿り着いたのである。意識は時宜を得ないこうした出来事から遠ざけられるという事実から、フロイトは言語そのものに対して、はるか昔の出来事を保存し埋没させている考古学的遺跡のごとく接近していった。実に、個々の言葉は歴史的遺物のように、時間を経た後に埃を払って掃除をし、破片を組み合わせることで、失われた対象世界の全貌が現れるような経験の断片として扱われるのである。

患者の話を聴くというフロイトの方法は、夢分析において試されることとなった。彼は、時に言葉を分解し、単語の語源を調べて本来の用法がどのように反対の意味に転じたのか、あるいは愛（love）のような言葉がなぜこれほど多くの事象を示すようになったのかを明らかにしようとした。ある時には、一つの単語を判じ絵のパズルのように扱い、単語を音節に分け、さらにそれを歪曲された音声や音素として聴き取り、その意味を探った。また、別の時には単語を、羽目を外した情動がその意味を隠しきれていない駄洒落として捉えたのである。それはあたかも、無意識が一つの機知として構造化されているようなものである。さらに、言葉（表象）と事物（提示）を考慮することで、フロイトは、言葉も夢と同様にすべての意味を表すことはできず、話者による暗示や隠喩、否定、葛藤などの影響から逃れられないと主張した。こうした可変性こそが、言語の特性や言語構造の規則であり、ゆえにほのめかしや打消し、否認、隠蔽、さらには原形を留めないほどの言語の切断が起こるのである。フロイトによれば、こうしたナラティブの反乱は言語の本質であり、人間の生の原動力でもある。言語というものが多義的で曖昧なものである理由は、ただ単に人間が創り出した言語が、意図した以上のものを伝え、また多くのことを隠してしまうからである。言語化すること、あるいは言語化を拒否すること、そして真意とは真逆のことを口にするといったことから、心的現実を学ぶための手段が得られるのである。

もっとも、心的な出来事は私たちの感情的状況（emotional situation）[4]を形づくり、そして突き崩すが、それを表現するのは難しく、その影響を受け入れることもまた困難である。最終的にフロイトは、主体とは無意識であると主張した。心の異なる層で同時に生起する力動的な経験と、その過程で打ち捨てられた意味の激しさを伝え、教え、そこから学ぶという課題に人生を費やしたのである。フロイトが当初抱えていた苦悩については、彼が生涯で唯一度アメリカを訪れた際に、マサチューセッツ州ウースターにあるクラーク大学で行った「精神分析に関する五つの講義」から窺い知ることができる。次に紹介するのは、その第二講義の結びの部分である。

いま「精神分析（psychoanalysis）」と呼ばれている治療法の基本的な考え方を、より分かりやすく説明することができていなかったとしたら、どうかお許し下さい。困難なのは、話のテーマが新しいからだけではありません。抑圧されているにもかかわらず、無意識において自らの存在を感知させることのできる不整合で矛盾した願望とはどういう性質のものなのか、また抑圧の失敗や代替物ないしは症状の形成が起こるためには、個人にどのような主観的あるいは気質的条件が必要なのか。こうした点については、この後に続く報告において、明らかにしていきたいと思っています。(1910a, S.E.11: 28= 全集九：一二四)

意識をその玉座から引き下ろし、「赤ん坊陛下と王室一家（his majesty the baby and the royal family)」および「原光景（the primal scene)」に思いをめぐらせ、心的なものを私たちの意識を超えた剰余として提示することで、精神分析は異論や反論（objections）・対象（objects）・障害（obstacles）[(5)]を抱え込むダイナミックな世界に住まうことになるだろう。それによって、精神分析もまた「不整合で相容れない（incompatible)」思想の一つとなるのである。フロイトの著作の大半は、この意識とは異なる感情の実相から始まり、そのことが彼の思想の伝え方や、その思想の受容を把握する方法にも影響をおよぼすことになった。フロイトは、未完となった最後の論文「精神分析初歩教程」で、この基本問題に立ち返っている。以下、精神分析への抵抗とはいかなるものなのか確認してみることにしたい。

精神分析の内容の少なからぬ部分が、多くの人々の感情を逆撫でしてきた。精神分析という私たちの科学におけるいくつかの仮説が――これらの仮説は、研究の与件として捉えるべきなのか、それとも研究の結果として受け取るべきなのかについては何ともいえないのだが――、一般的な思考様式からすると奇妙に思われ、大方の見方に反するということも、理解の困難さを生む要因なのである。しかし、それはやむをえないことである。（1940b, S.E.23: 282= 全集二二：二五四）

このように、フロイトの精神分析は意識が把握する意味とは相容れないものである。さらに、精神分析は異論や反論とともに、内的世界は重要であり、かつ意味を宿すものであるという人々の盲信的な考えをも招く。フロイトは私たちが意識しうる意味を転覆させ、主体を中心から追い出そうとする。彼の精神分析における手法は、こうした実践への異議や反論を介して続けられることになる。筆者のフロイト理解によれば、フロイトは異論や反論を極めて真剣に受け止めており、それらを精神分析の対象、いうなれば分析に必要な条件にしてしまう。異論や反論は精神分析の障害になるとともに、精神分析の手段にもなるのだ。人間の学習の本質が、こうしたパラドックスを作り上げるのである。筆者の目的は、無意識的なるものとして巧みに描き出されたフロイトの教育論を紹介することにある。精神分析は教育の核心にいかなる変化をもたらすのか、さらに教育の分析的な説明はいかにして可能なのかを、読者に思索してもらうことを目的としているのである。

とはいうものの、フロイトを紹介するという作業には、教育学上の危うさがともなう。アンナ・フロイト（Freud, A. 1981）が著した父ジークムント・フロイトの研究に関する入門書には、そうした危険性が二つ記されている。第一に、フロイトの著作は、生徒と教師の双方にとって馴染みにくく感じられる点、第二に、教師はフロイトの考えを単純化しすぎるか、過度に複雑化しすぎる傾向があるという点である。

もし教師が、生徒に不意打ちをくらわせ、苦境に陥らせたくないと願うのであれば、彼は自らのやり方を変えざるをえなくなる。もし教師が現実としっかり向き合いたいと願うのであれば、彼は生徒たちに過大な要求をし、彼らの継続的な興味や注目を失う危険性を犯すことになる。フロイト自身は、その人生において徹頭徹尾、これら二つの危険性の中道を取ろうと努力していた。(Freud, A. 1981: 209f.)

アンナ・フロイトによれば、この中道的な立場こそ、フロイトを学ぶための条件なのだ。彼女はこの入門書の末尾において、フロイト曰く自らの教育分野への貢献はわずかなものであり、教育という仕事は他の人たちに委ねていたと述べている。アウグスト・アイヒホルン(Aichhorn, A.)の教育的著作『不良少年たち』に寄せた短い序文の中で、フロイトは次のように書き記している。

精神分析のあらゆる応用のうち、子どもの教育の理論と実践に対するものほど、数多の興味をそそり、多くの希望を喚起し、ゆえに数多くの有能な協力者たちを惹きつけた領域はない……精神分析のこのような応用に対する私の個人的な関与は、極めてわずかなものであった。（1925b, S.E.19: 271＝全集一九：二三二）

フロイトは、教育分野に対する自らの貢献はわずかなものでしかなかったと主張していた。にもかかわらず、「教育（education）」という観念が彼の仕事にいかに影を落としていたかがここに見て取れる。

フロイトは、日常的な教育の営みは現実世界の実相を教え損ねていると評している。彼は親たちに対して、子どもと性について話し合い、彼らの疑り深い質問にも分け隔てなく率直に応じるよう求めた。子どもたちが現実世界の厳しさや、必ずや直面するであろう攻撃性に対処できるよう、教師が実際に教育できているのか、疑問に感じていたのである。また、フロイトは自身が教えを受けた教師たちの情愛と彼らの威光についても回想し、頻繁に見る試験の夢や夜中に見る学校の夢の意味を分析することで、彼が受けた教育にもっとも影響をおよぼした要因についても探った。さらには、他者に影響力を行使しようとする教師の企てについて検討したうえで、「教育（education）」を「不可能な職業（impossible professions）」の一つとして挙げたのである。教育の力は想像だにしない舞台へと、思いもよらない自己の舞台へと展開していく。教育はあらゆる点からいって、私たちの人間性を培う場なのだ。

しかしながら、現代の教育分野にとって精神分析が重要であるのは、それが私たちの教育に対する馴染みのなさや疎遠さに気づかせてくれるからだろう。この疎遠さや馴染みのなさに触発されて、私たちは自らが教育について考えるときに何を思い浮かべるのか、それらの観念はどこから生じるのか、そうした諸々の考えは自由連想において言葉になりうるのか否か、といった疑問を発するのだ。多くの人たちが、本書の企図を聞いて扱うテーマに驚きを示した。フロイトが教育に関してこれほど多くを語っていたとは想像もしなかったのである。そうした人たちは、フロイトが大人の生に息づく子ども時代の力を探求していたことは知っていた。にもかかわらず、そのうちの多くは教育についてのわずかな、時に偏狭な考えを抱いているようだった。教育といえば実際の学校、カリキュラムの良し悪し、子どもの教育必要性に対する理解促進、自分自身の成長体験といったものに限られていたのである。私は次第に、なぜ、教育はこのように代わり映えのしない月並みなものとして感じられるのか、その理由を探りたいと思うようになった。フロイトとともに本書では、教育に対する偏狭な考えや想像力として現れるこうした異論を、子ども時代の残滓や葬られた願望[6]を指し示すものとして理解していく。そのうえで、これらの回帰を乱暴な教育（wild education）と呼ぶことにより、それがあらわにする幼児期の状況を浮き彫りにしたい。すなわち、愛情を欲することや愛情喪失の不安、エディプス・コンプレックスの影響力、学習と被罰欲求の無意識における同等視といった状況である。大人たちが、子どもは教育されるべき存在であるという幻想を抱きながら教育を行う場合、そこでは一体いかなる事態が生じるのだろうか。

　おそらくフロイトが教育に投げかけた疑問のなかで最たる難問は、学びと苦しみの関係に関するものだろう。それは第一に、被罰欲求をともなう愛と学習の同等視として捉えることができる。精神分析は、フロイトの自己分析とともに始まったが、それは彼が苦しみもがいていた四十歳頃、自らの仕事の意義に対して自信を失い、困難を覚えていた最中に行われた。彼がヴィルヘルム・フリース（Fliess, W.）に宛てた手紙からは、実際の分析の様子について窺い知ることのできる二つの経験が読み取れる。精神分析の「前史（pre-history）」である『標準版（standard edition）』第一巻に収録、出版されたその書簡の一部から、彼の奮闘ぶりについて見ていくことにしよう。一八九七年十月十五日付の手紙には、次のように書き記されている。

自分自身に完全に正直であることは、良い訓練となります。普遍的な価値ある唯一の考えが僕の心に浮かびました。母親に対する恋慕の情と父親への嫉妬が僕自身の中にも見つかったのです。僕は、いまやそれらを早期幼児期における普遍的な事象とみなしています……もしそうなら、理性が運命という前提に対して唱えるあらゆる異議にもかかわらず、エディプス王が持つ魅惑的な力を理解することができます。そして、彼の「運命劇（dramas of destiny）」がなぜあれほど惨めに失敗しなければならなかったのかを理解できるのです。僕たちの感情は、個々のあらゆる専横的な強迫に対して抵抗を示します……しかし、このギリシャの神話は、誰もがその存在を自分のなかに感じるがゆえに、誰しもが認める強迫的な衝動を示しているのです。読者の誰もが一度は、発達の初期段階の空想において、そのようなエディプスだったのです。そして、今の自分から幼児期の状態を切り離しているあらゆる抑圧とともに、各人は現実のなかに移し替えられた夢の実現を前にして怖れおののくのです。(1897a, S.E.1: 265=二〇〇一:二八四)

さらに二週間後には、こう書き記している。

僕の分析は続いており……すべては未だ不明瞭であり、問題ですらありますが、いつでも必要なものを貯蔵庫から探し出すだけで良いという気楽な気持ちでいます。このうえなく厄介なのは、時折感じる現実を完全に覆い隠してしまいたいという気分です。(1897b, S.E.1: 267=二〇〇一:二八八—二八九)

フロイト自身の教育は、十八世紀ヨーロッパのユダヤ啓蒙運動であるハスカーラー(*Haskalah*)にその淵源を認めることができる。それは、ユダヤ伝統のテクスト解釈を研究手法としながらも科学に信頼を置き、カント流の啓蒙主義を基盤として、世俗性とコスモポリタニズム、自律性と自らの頭で考えるといった価値を重視し、迷信や先入見を克服しようとするものであった。フロイトは数多くの文学、神話学、考古学、科学を渉猟し、昇華や汝自身を知るという創造的な作業を唱道した。だが、彼は教育とその方法については懐疑的で、人が持つ確信と根拠なき信念は、思考の創造的な働きを損なわせる傾向があると考えていた。

長らくフロイトは、以下のような人物と見なされてきた。心のモラリスト（Rieff 1979＝一九九九）、人間のもっとも悲劇的な条件を想定した人（Edmundson 2007）、儚さに満ちた愛を教える者（von Unwerth 2005）、証言および告白の世紀を切り開いた人（Felman 1992）、さらには「ナラティブの反乱（narrative revolts）」の新しい条件を生み出した人物（Kristeva 2000）、などである。しかし、彼自身が自らの歴史を創造したことは疑いない事実である。精神分析とフェミニズムに関する近年の文献には、フロイトの女性性と男性性に関する著作を再検討し、彼の男性主義的な偏向を指摘するものもある（Kofman 1985＝二〇〇〇）。

確かに、議論すべき点は多い。だがそれ以上に理解しにくいのは、生は感情的であるという事実から導かれるフロイトの普遍的な見解である。彼の主張によれば、人間とは誕生の瞬間から愛を求める生き物であり、感受性が強く性愛的な人間にとって、これまでの人生を過去に遡って構築する作業には、表象の危機と密接に結びついた記憶が関わっている。この表象の危機は一種の感情的状況であり、抑圧され忘れ去られていることが多い。フロイトにとって歴史とは、事後性（deferred action）[7]、すなわち事後の修正を通して概念化されるものであり、そこには抑圧されたものの回帰と反復強迫が関係している。さらに、記憶は神話的な時間感覚によって秩序づけられ、そして乱され、歴史とはまったく無縁の何か、すなわち無意識と対立するのである。こうした理解のもと、フロイトは力動的な無意識を時間や否定、矛盾など意に介さない心的な生の一領域と定義した。無意識は願望の論理を強固に主張するのである。フロイトの論じるところによれば、このように新たな影響を被った主体は、「乱暴な教育（wild education）」の行く末、さらには教育の可能性をも書き換えるものなのだ。

フロイトは二十世紀初頭における初期の児童分析を主導していた時にあっても、子どもの教育と精神分析の仕事を区別しようとしていた。他方で、大人への精神分析療法を、自己を知ることに専念する「事後教育（after-education）」とみなしていた。分析における構築物は、逆説的ではあるが、知りえないにもかかわらず無意識の生に大きな爪痕を残すものを考察する手段と定義することができる。構築とは、幼児期における規則や権威への追従、さらには神経症という心理的な妥協形態に対する注釈であり、その解体である。その意味で、フロイトにもっとも影響を与えた教育観は、陶冶や教養を意味するドイツ的なビルドゥング（*Bildung*）であった。教育（ビルドゥング）とは、私たちの不安定な精神状態を反省的に捉え直し、文化や生といったそれぞれに異なる要素を自己形成に結びつける、文学的な学びの物語り（narratives）なのだ。フロイトにとって病とは物言わぬ案内人であり、分析家の教育と被分析者の事後教育に資する道徳的な鑑なのかもしれない。苦しみとその行く末に対する関心は、フロイトをして当時の社会や暴力に関する数多くの批評へと向かわせることになったのである。

フロイトの教育学的な流儀には、心の深みと欠陥を考察する愉しみと危険性とが常に隣り合っていた。フロイトの著作それ自体が精神分析における構築物に関する注釈であり、それらに対する彼自身の反駁でもあったのである。精神分析について書くということは、精神分析的に書くことだといえるかもしれない。つまりそれは、心を動かされたり用いたりといった、私たちの心の働きが置き換えられたものとして、精神分析的に書き表された構築物の内実を注意深く眺めるということだ。創造的で活力にあふれ、しばしばユーモラスであるこの文体の実例は、非医師の精神分析実践家である素人分析家を擁護するフロイトのエッセイのうちに見いだせる。『素人分析の問題——中立的人物との議論』と題されたこの論考は、独特な議論の雰囲気と戸惑いを醸した対話形式で書かれている。フロイトは、指導する者と指導を受ける者の双方の学習における不満を捉えようとしているかのようだ。この対話劇の劇中、懐疑心と探究心に満ちた人物は、答えるのが困難な不愉快な質問をせずにはいられない。読者は、実際に中立的なのは一体誰なのだろうかと、思案せずにはいられなくなるだろう。フロイトは、分析家が使えるのは言葉だけであることを認める。すると中立的な人物は、「だが、それは告解ではないのか」と尋ねる。すると、下記の通り答えが続く。

そうでもあり、そうでもない、としか私たちには答えられません。確かに告解は精神分析の一部をなしています、いわばその導入段階として。しかし、それは決して精神分析の本質と一致しているわけではなく、精神分析の効果を説明するものでもありません。告解では罪人は自分が知っていることを話すのですが、精神分析では神経症者は自分が知っている以上のことを言わなければなりません。告解がこれまでに実際の症状を取り除く力を発揮したなんて話は聞いたこともありません。「だとすると、私にはまったく理解できません」と彼は反論する。「自分が知っている以上のことを言うとは一体どういうことですか」(1926b, S.E.20: 189＝全集一九：二一一―二一二)否定という心的機能は脇に置くとして、この珠玉の小論では、精神分析に対するあらゆる反論や異議が取り上げられている。精神分析は「私にはわかりません」という答えの中に、異議を唱える当の本人が意識している以上の意味があることを学ぶことから始まる。さらにフロイト(1927b)は、あとがきで読者に対し、このエッセイはもぐり医療の容疑でウィーンの法廷に出廷することになった素人分析家テオドール・ライク(Reik, T.)を擁護するために執筆したものだと述べている。この告訴は取り下げられたが、この小論では和解による解決を認めていない。

フロイト流の異議や反論への対処法の模索は、彼の第一の主著であり、後に第八版まで刊行された『夢解釈』から着手された。初版から二十一年後の第六版序文で、フロイトは自身の著作が担うべき課題について次のように記している。「以前には、夢の本質にいくらかの光を投げかけることがこの本の役目だったとすれば、今は、その光を遮っている頑迷な誤解に対峙することが、それに勝るとも劣らぬ重要な役目になっている」(1900a, S.E.4: xxix-xxx＝全集四：一二)。フロイトが「抵抗(resistances)」と呼んだ誤解は、いたるところにありふれている。それら誤解を正すのは終わりなき作業であり、たとえば匿名で書かれた小論「分析技法の前史に向けて」に見られるようにユーモアをもって対処された。フロイトは本論文で、自由連想法がまったくもって自分のオリジナルではないことを認めている。この手法は若きフロイトが手にとった、ルートヴィヒ・ベルネ(Borne,

L.）の著作『三日間で独創的な作家になる方法』から取られたという。ベルネの助言とは、頭の中に浮かぶことをすべて書き出せ、というものであった。前出の小論において、フロイトはこの手法にともなう問題点にも着目している。たとえすべてを口に出して言うことができたとしても、「尋常ならざる抵抗は、推測される連関を認めがたいものとしてしまう」（1920b, S.E.18: 264＝全集一七：二七五）。フロイトを惹きつけた問題とは、なぜ誤解がこれほどまで執拗なのか、ということだったのである。

心に浮かぶばらばらな経験を結びつけることや、ある思考と別の思考とのあいだに筋道を立てられない理由、さらに、そうした思考同士の関係を検討することが大きな問題となった。解釈は、こうした学びの対象や障害、学びに対する抵抗を描き出すのである。フロイトの最後の著作に至るまで、心の活動の変化はどのように生じるのか、生の基本的な属性や、構築された諸要素と出来事の関係からどのような意味が生じるのか、といった疑問は依然残されたままである。然るに、彼は読者をさらに困難な問題へと誘う。「分析による治癒はいかに生じるのか（私はこの問題は十分に解明されたと考えている）という問いに代わって、そのような治癒過程における障害とはいかなるものかという問いが究明されねばならない」（1937a, S.E.23: 221＝全集二一：二四九―二五〇）。こうした究明が、人を既存の知識の限界へと誘い、予期しえない問いの領野を開くことになるだろう、とフロイトは主張したのである。

人間の社会性や政治的生といった問題への精神分析の応用についていえば、フロイトはそうした文化的プロセスの中に教育における記憶の問題を見て取っていた。したがって、教育という概念は、個人に対して世界はどのように開示され、受け取られ、そして心理的に取り入れられるのか、という一連の心的過程のあいだに生じるずれの問題にまで拡張されることになったのである。このアプローチは、応用（application）(8) という言葉が意味するものを問い直すことにもなる。フロイトは教育を構築の場として捉え、教育によって引き継がれてきたものを考古学の発掘現場に埋もれて掘り起こされるのを待っている遺物になぞらえた。それら遺物は、出生という前史と、そこでの全き寄る辺なさと依存性の亡霊のようなものである。こうして、教育は学びにおける未解決の問題群、すなわち無意識やセクシュアリティ、欲動から生じる学び、無知や記憶に影響される学び、さらに愛の力学に囚われる学びと関連づけられることになった。最後に挙げた教育と愛のつながりは、他者に対する計画や企てを超えるような技法と実践を私たちの心理学にもたらすことになる。それゆえ、本書のテーマは、フロイトの愛や疎遠さないしは馴染まなさといった概念を用いて、いかにして人間の学びは展開し、発達の内部にその痕跡を残すのか、という問題になろう。

フロイトの仕事の中から、教育の多様な形態について言及した彼の所論を抽出するにあたり、私は彼が執筆したものの多くを括弧に入れざるをえなかった。読者は本研究の限界に気づくはずだが、それは私の限界でもある。問題はフロイトの仕事が膨大であることだけでなく、そのテーマの広さ、そして彼が自著を頻繁に改訂したことにもある。フロイトが著した執筆物は、論文、覚え書き、著作を含め優に二五〇を超える。それ以外にも、友人や弟子たち、科学や芸術の権威とされる人物たちとのあいだで交わされた書簡も膨大に存在する。私が引用する英語版の『フロイト全集標準版』は二十三巻にものぼる。これはジェームズ・ストレイチー（Strachey, J.）がドイツ語から英語に翻訳したもので、アンナ・フロイトの協力のもと、アリックス・ストレイチー（Strachey, A.）とアラン・タイソン（Tyson, A.）の助力を得て編纂されたものである。一九五三年から一九六四年にかけて出版され、一九七四年にはアンジェラ・リチャーズ（Richards, A.）が編集した索引と文献一覧が『別巻』として出版された。すべての論文には編者による短い序文が付せられており、概要の簡潔な紹介、翻訳上の難点に関する注釈、さらにはフロイトによる度重なる改訂についても注記されている。

この膨大な量という問題に加えて、何に重点を置き、何を副次的なものとしようとしたのかという、私自身の願望や決断といった実存的な問題もある。本書の執筆にあたって私が決めたルールは、心に関するフロイトの主張の変遷を、学びを単に成功か失敗かという規準を超えて語るための、新たな方法に開かれた思索として捉えるということであった。成功・失敗という規準は、単に良し悪しを区別する符牒にすぎない。フロイトのナラティブのスタイルは、新たな教育の説明を生み出したと理解しうるのだ。精神分析は、学びと教育を幼児期という過ぎ去った人格形成期、さらには成長への責務を負うリビドーの働きと関連づけるための手段である。私に課せられた課題は、あらゆる教育は何らかの感情的状況をともなうということ、そして学びという事象それ自体が何らかの脆さと強度を示すという事実から生じる心的な帰結を紹介することにある。

現代におけるフロイトをめぐる議論には、フロイトの膨大な公開書簡のアーカイブと彼の分析を受けた人々や協力者たちの回想録、フロイトの著作に関する優れたヒストリオグラフィーの普及など、精神分析の歴史を辿ることができる後代ならではの利点が活かされている（Grubrich-Simitis 1996; Greenberg 1997）。フロイトの生涯に関する二次資料としては、アーネスト・ジョーンズ（Jones, A.）による三巻組の伝記（Jones 1972, 1974＝一九六四）やピーター・ゲイ（Gay, P.）によるフロイトの生涯に関する研究（Gay 1988＝一九九七、二〇〇四）に始まり、いまや広範にわたる同時代的な精神分析に関する議論やポスト・フロイト派思想の登場により、フロイト研究の領域はさらに複雑かつ論争的なものとなっている。さらに、大衆文化における彼の影響――たとえば、今日の映画や小説、音楽、芸術などに表現され、解釈されているような――を見るに、今なおフロイトの時代は終わっていない。私たち自身の私的事柄に関する理解が大衆文化の影響を受けている以上、フロイトの思想を過去のものとして済ますことなどできないからだ。

いまやフロイト研究の領域では、競い合うようにしてフロイトの著作の新訳が出版され、フロイトの入門書や重要な歴史学的・社会学的研究、そして新しい伝記も数多く刊行されている。精神分析理論の新たな学派も登場し、現代におけるフロイトの意義は継続的に議論されている。そこにはフロイト的なしくじりもあれば、フロイト・ウォーズと呼ばれる論争もある。現代の精神分析は自由かつ大胆にフロイトの理論を再検討しているが、えてして精神分析そのものが引き起こす際限なき葛藤や馴染み難さを繰り返し経験している。私自身は、そうした議論を念頭に置きながらも、それら個別の論争や主張には踏み込まない。また、フロイトの同時代の仲間たちやフロイト以後における精神分析の理論家たちの展開、さらに彼らがフロイトの思想をどのように扱ったのかについても論じない。実に、フロイトの仕事は絶えず構築され続けているのである。私はフロイトの著作を読みつつ、彼が仕事に取り組み、自らの見解を提示する中で直面した教授上の葛藤を想像しながら研究を進めてきた。その意味では、あらゆる教育がそうであるように、本書における目下の基本問題は伝達、すなわち予測不可能な考えを構築し、受容し、解釈するといった問題に対処する伝達の様式にある。私自身は、フロイトの著作集を未完の教育学的プロジェクトとして捉えている。つまり、その受容を見越しつつ、その理論自体によって影響され、転移のなかで構築されるダイナミクスにおいて徐々に捉えられていくような教育学的プロジェクトである。この理論における転移という最後の問題は、フロイトが教育学に残した最大のジレンマの一つである。その本性上、教育学は未知でありかつ「逆説的（paradoxically）」な要因の影響を受けることになる。教育学という仕事は、それ自体の知りえなさという特性を表すものなのだ。

当時も今も、フロイト研究の領域は議論に開かれた論争喚起的なものとなっている。精神分析は何よりも情動による葛藤の理論である以上、それは避けようがない。この観念、動機、議論、反論、そして構築物の力動的な働きが、フロイトの精神分析的な認識論を構成している。つまるところ、フロイトは私たちの内的世界を大いに掻乱し、意識的な動機と無意識的な願望の不一致にどのように対処できるのかという課題を突きつけたのである。その意味で、彼の考えは統一された一つの主体という想定とは相容れないものである。だが、内的世界を撹乱し不安定にさせるということは、原因と結果、時間的なものと無時間的なもの、さらに恣意的なものと意味のあるもの同士の関係から得られる結果を含めて、多くのことを手中にできることを意味している。フロイトの最終講義――口腔癌のために実施できなかったのだが――は、精神分析が未完であることに加え、精神分析と世界観の相容れなさや両立不可能性を従来通り繰り返し主張するものであった。

皆さん、精神分析と世界観（*Weltanschauung*）の問題との関係についてお話ししなければならなかったことを、ここで最後にまとめさせていただきます。精神分析には独自の世界観を作り出す力はないと私は思っています。作り出す必要もありません……科学的世界観は、まったくもって不完全であり、そもそも完結性や体系構築を求めていないものだからです。科学的思考は人類のもとに生まれてまだ非常に日が浅く、あまりにも多くの重大問題が解決できていません。科学の上に打ち建てられる世界観なるものは、現実世界を重視するという点を除けば、真理に対する謙虚さだとか錯覚を峻拒するといった本質的に消極的な特徴をもっているにすぎません。私たちの仲間でこのような状態に満足できない人、あるいはこの不満を即座に解消しようとして、それ以上のものを求める人は、どこか見つかるところで、それを手に入れればよろしいかと思います。そうなさっても、私たちはそれを悪く思ったりしませんし、助け舟を出すこともできません。無論、そのような人がいるからといって、私たちのほうも考えを変えるわけにはいかないのです。(1933, S.E.22: 181f.= 全集二

一：二四〇）

二　読者のための手引

本書はこれより、私たちの教育の分析に影響を与え、その論点を拡張する四つの問いについて考察していく。すなわち、学びと教育にとって、無意識とセクシュアリティはいかなる意味を持つのか、教育実践を体系化し、標準化したいという欲求や要求を検討することで、権威を求める欲求や知への転移について私たちは何を知ることができるのか、学校教育は集団で行われるものである以上、集団心理とは一体どのようなもので、なぜ集団心理学について語らなければならないのか、そして最後に、「乱暴な教育（wild education）」によってもたらされた教育の構築物が未解決の問題へと転じるのだとすれば、それに対して精神分析はどのような示唆を与えるのだろうか、という四つの問いである。

本書は、心的な生における葛藤の役割を理解することが、なぜ教育の理論や実践、願望、性格、概念の普及と拡散、考古学、そしてその経験を問うことにつながるのかという点に焦点をあてている。その意味で、本研究は精神分析の入門書であると同時に、教育学の入門書でもある。教育と精神分析とに共通する大きな問題の一つは、両者の営みに対する先入観に見いだせる。その先入観には感情が深く絡んでいて、相容れない不整合な考えの受容を拒否する学びの障害へと転じるのだ。

対話と拒否をともに推進するのは、精神分析と教育の両分野がともに、子どもが幼い時分に形づくった理論や理屈を引き継いでいるという事実であり、何かを媒介として学びの感情世界を知るという伝聞的特性と、「誰かにものを教える」行為の意味に関する自家製の仮構的な理論に依拠しているという事実である。いずれの分野も、それまでに築きあげてきた先入観と伝達様式の脱構築を課題としており、学びにおける不満や葛藤を語ることで、後の人生に尾を引く最初の印象から目を覚まさせるにふさわしい学習理論の構想という仕事を共有している。私は、子どもが幼い時分に形づくった理論や理屈がどう拡散し展開していくのか、そしてそうした理論や理屈が持つ影響力を伝えるために、乱暴な教育（wild education）という術語を用いている。そうした諸理論が、現代の教育と精神分析との関係や制度の構成において、どう普及し、拡散しているのかを確認するためだ。この用語はフロイトの初期の論文「『乱暴な』精神分析（'Wild' psycho-analysis）」（1910c）から借用したものである。同論文においてフロイトは、一般大衆や実践家に対し、精神分析の誤った理解とその流布への警戒を促している。

　二つの方向性が本書の各章を導いている。一つは方法や様式に関するもので、もう一つは言葉に関するものだ。最初の方法と様式については、精神分析の考え方を広め、刷新するフロイトの方法に対する筆者自身の読解に基づいている。フロイトは精神分析への異論や反論を精神分析的な知の対象へと変換し、さらにそれを自らの臨床と理論とに引き取って、精神分析の障害として取り扱った。フロイトはほぼすべての論文において、精神分析が一般読者や患者、支持者、さらには彼自身に対して突きつける困難性について言及している。そういうわけで、彼は意識的な生が自らにとって他なるものである無意識を意識化する際の誤解や想定外の事態、失錯行為や拒絶の分析から作業を始めるのである。

フロイトは、学びに関するテーマに取り組むにあたり、常に困難から学ぶという態度を貫いているように見える。ここにおいて、精神分析への異論や反論は、自我の防衛や抵抗に対する抵抗、分析における構築物、道徳的な不安や超自我、転移と愛、自由連想、夢、さらには集団心理といった精神分析の対象へと変換されることになる。厄介な構築物でもあるこれらの「対象（objects）」を通して、私たちは心の出来事を表現し、想起し、反芻処理（work through）するのである。そうした分析の対象自体もまた精神の産物であり、それぞれが感情的な役割を担っているのだ。さらに、それらはフロイトにとって実践上の障害となって、彼の理論や解釈作業、また往々にして精神分析的な伝達様式に対する疑義をもたらすことになる。異論や反論・対象・障害こそが、精神分析の運動を駆動させる当のものなのだ。この最初のテーマから、フロイトの手法は学ぶという行為の逆説的な性格に関する際限なき注釈であり、だからこそ重層決定（over-determination）という原則を受け入れねばならないといえるのである。

第二の方向性は、言語の心理学が浮き彫りにする、言葉の不確かさによる影響力を発展的に検討するものである。言語の心理学によれば、学びとは感情的状況において生起し、学び手にとってその過程は仮定法的な文法表現によって表されやすい傾向にある。フロイトは、愛情喪失の不安にかき立てられる愛の心理学に終生関心を抱き続けた。彼の見解によると、精神生活は愛から始まり、それゆえに知覚、判断、想像における主体の欲望という問題が生じる。言葉と物は密接な関係にあり、存在と不在、快と不快の両極を揺れ動く。それらは動的な葛藤、さらには無意識的な印象や影響として感じられ、それにより心が辿ることになる経路や連想、心的現実が形づくられることになる。そのあまりにも流動的かつ可変的な特性ゆえに、フロイトは心という概念をプシュケー（psyche）の領域、つまり精神の主要部にまで拡張することができた。それは同時に、言葉に宿る生の欲動と存分に戯れ、それを操ることが可能になったということでもある。無意識とセクシュアリティは、フロイトの仕事においてもっとも困難かつ論争的な概念であり、教育と精神分析の意味を確実に変容させる。この二つの概念はあらゆる教育においてもっとも無視され抑圧されている諸力であり、異論と想像力の両方を喚起するものなのだ。転移性の愛の力によって、生の欲動と無意識は学ぶという行為にその痕跡を残す。それにより、フロイトは教育を、気づかぬうちに愛されることを目的としてしまう学びの無意識に潜む問題性や、愛されたいと願った過ぎ去りし子ども時代、さらには愛情を失うことへの怖れと結びつけたのである。不安は学びを構成する中核的な要素なのだ。

第二章では、フロイトの方法、語彙、理論、関心事について紹介する。心に関する彼の主要な二つの理論を解説するとともに、フロイトが心的装置の力動的な性格について取り組んだメタサイコロジーに関する論文も概観することにしたい。読者は、このメタサイコロジーに関する箇所に得るものが少ないと感じ、読み飛ばしたいと思われるかもしれない。しかし、読解が困難なこの箇所において登場するテーマは、第三章以降でも再度論じられるので、おそらく素通りはできないだろう。私は読者に、人間を研究対象として展開していったフロイト理論の全貌を、この人間という対象が彼の理論をどのように修正させ、その研究スタイルにいかなる影響を与えたのかということを念頭に置きつつ示すことにしたい。読者諸氏は、心的現実というものを想定した時、教育に何が起こるのか注視してほしい。フロイトに対して当初投げかけられた数多くの名の知れた精神分析批判は、彼のコミュニケーション様式や教授スタイルを形づくり、精神分析における知の対象として扱われることになった。この章でももっとも注目すべき点は、フロイトの教授スタイルは対象の影響を受け入れる彼の能力から生まれたものであり、彼の学習理論は精神が不完全に物事を処理する方法を裏づけるものなのだ、という主張である。

第三章が焦点をあてるのは、実践的な技法の学びに関する心理学である。実践知を体系化せよという専門家の要求には、いかなる生の欲動が関与しているのだろうか。一九一一年から一九一五年にかけて、フロイトは精神分析の技法に関する論文を立て続けに執筆している。ことによると、それらは精神分析家になるうえでの落とし穴や諸問題について、もっとも詳細に記述した論文であるかもしれない。また技法論は、マニュアルを求める声に対して、精神分析的な知の対象を扱う際の困難性や、対象を障害や反論、異論とのつながりから捉える、フロイトが著した優れた解説書とみなすこともできる。フロイトの革新的なアプローチは、実践における不確かで掴みどころのない意味を分析することにあった。しかも、それを分析における応用上の問題として扱うのではなく、技法において実践家が暗に意図するものや、その愛のあり方という観点から捉えることにあったのだ。私はこれらの論文を、実に鮮やかな教育の物語として、また確からしさを求める私たちの願望を看取するためのレンズとして、そして実践と理論の概念化における新たな方向性を示唆するものとして読み解くことにする。これらはフロイトの転移理論を学ぶのに格好の論文でもある。転移は、主観性はもとより精神分析や教育の営みにおいて核となる概念であり、情緒的な結びつきに息吹を吹き込むものである。この情緒的な結びつきは、権威や愛情、関係を維持したいという願望や学ぶという行為に内在する欲望によって形づくられる。マニュアルを求める専門職の欲望を転移の問題に結びつけることで、第三章は教育の成果とエビデンスにこだわる現代人のヒステリー状況の分析として読むこともできよう。成果とエビデンスに依拠する教育は、学びの実践を達成目標と習得スキルの問題に矮小化してしまうのだ。

問題行動や教室のコントロール不全といった事態に対して抱く教師の不安は、学校や大学生活における学びにとってもっとも厄介な問題である。ここではそうした不安をともなう教育を、集団心理とその神話という観点から検討することにしたい。第四章では、フロイトの『集団心理学と自我分析』（1921）に焦点をあてて、この一風変わった小論の斬新な読解を試みる。フロイトは学校生活について幾度となく言及しているが、そこにはリーダーの権威と愛情を求める欲望やメンバー同士の同一化によって形づくられる集団心理の力学に対し、人はいかにして関心を持って語るようになるのか、という大きな難問が立ちはだかっている。もとより誰かの指示に従うことには、常に何らかの問題がつきまとう。フロイトによれば、何かに付き従う限り、そこには愛の問題が生起することになる。読者は、自我とその同一化という防衛機制、あるいは自己の境界を見定めながら自己を構築していく方法に関するフロイトの見解の変遷に気づかれるであろう。集団心理をくまなく検討することにより、教育という営みに対する考え方も整理されるかもしれない。教育の現場では、学びは集団で行われる。したがって学習と教授に関する常識的な言説には、他者とともに学ぶという困難な賭けともいえる仕事への新たな視座をもたらす深層心理学が必要となるだろう。

第五章では、フロイトの教育に対する見解、とりわけ子どもと大人、患者と分析家、大学と学校における教育を分析する。特に無意識とセクシュアリティ、欲動によって形づくられる乱暴な教育ゆえに、私たちは教育を未解決の問題として考察することになる。それによって、学びには抵抗や反論が対象や障害へと転じていく運動が含まれること、さらにそうした不確かなもののすべてに生の欲動が関与していることが明らかになるだろう。教育は、概念としても、実践としても、関係としても、歴史としても、さらに将来に対する約束としても、愛や知識、権威が絡み合う賭けの只中で行われるのだ。その伝達様式も、幼児が自ら作り出す理論や理屈、快と不快、そして快原理と現実原理の葛藤による影響を被るのである。したがって、本書はあらゆる教育に「なぜ」という質問をぶつける。それこそ、心理的な意味を生み出すための新たな条件を喚起するナラティブへの扉なのだ。私たちは、フロイトの発展し続ける心的な生に関する理論が、現実を解釈し、内外の攻撃性を表象しながら折り合いをつける仕事を教育に託していくさまを見ていくことにする。また、教育を未解決の問題として概念化することによって、なぜ新しい学びのあり様が拓かれていくのかについても問うことにする。本書では、このような形で教育を描き出していくことにしたい。

教育者もかつては子どもであり、学校で成長し、大人になってから再び学校へと戻ってきた。この事実から、転移によってもたらされるナラティブの反乱が起きることになる。すなわち、教育者は溜め込んできた遮蔽記憶（screen memories）[9]と忘却された願望、そして愛を求めるための学びという様式をとる未だ衰えぬ幼児期に形づくられた理論や理屈を、現在の中へと持ち込んでしまうのだ。それらは子どもの頃に刻まれた諸々の痕跡の力によって無分別に形づくられ、教育者の中に不安や防衛、禁止として保存されている（Britzman 2003b）。これこそが、防衛的な教育が過度に退屈で、目新しさに欠け、苦痛に感じられる理由の一つなのだ。だが、教師の職に就きたいという欲望を、単に子ども時代の成功体験や打ち砕かれた希望、理想化、失望の反復強迫とさせないためには、こうした扱いに困る歴史を心理的に意味のあるものへと作り変えなければならない。さらに教育者は、教育と呼ばれる営みに影のようにともない、教師自身の成長に不可欠な異論や対象、障害を後に残す何かを理解するという重荷を背負う。この何かこそ、乱暴な教育なのであり、それは空想と私たちの好奇心が織りなす場の両方を暗に示しているのだ。乱暴な教育とは、セクシュアリティと無意識の別名でもある。それらは、愛され罰されたいという欲求と学びとを結びつけるような、幼児期に受けた教育の痕跡をまき散らすのだ。

フロイトの自由連想法は、彼流の独創的な読解方法を教えてくれる。同時にそれは、読者が自分流のフロイトを創案することが求められているということでもある。自由連想こそが教育を新しく刷新する王道であり、解釈とは教育の一連の流れにおいて、あたかも呪いのごとく刻み込まれた一見して対立する個々の出来事を、一つのナラティブにまとめあげるための手段なのだ。教育とは、夢をみて空想し、抑圧して忘却する主体のうちに見いだされ、失われている何かである。それにもかかわらず教育は、自身は何も知らないという事実を受け入れざるをえないことの意味を何とかして伝えようとするのだ。フロイトはこの命題にしたがって、私たちに実験的に思考するよう求めるのである。本書では、このあらゆる「欠如（nothing）」を、なぜフロイトは不意打ちをくらわすような意味として扱ったのか見ていくことにしたい。

精神分析と同様、未完のプロジェクトとしての教育の営みも、このもう一つの歴史、つまり私たちをして歴史から学ぶことを困難にさせるような他者性の歴史を継承している。精神分析の思想は、こうした心的な生における疎遠なものや馴染みにくいものに対し、関心を持って関わるという倫理、そして物語を紡ぐために必要な自由連想をもたらすのである。私たちは教育に対して、フロイトとともに考古学的にアプローチし、教育を構築途上の終わりなき営みとして考えていくことにする。

第二章　フロイトの教育と私たちの教育

心的な無意識なるものの存在を仮定し、その仮定の下に科学的な作業を進めることの妥当性については、各方面から異議が唱えられてきた。……意味として得るものがあるということは、直接経験による限界を超えて進むための十分に正当な根拠である。

ジークムント・フロイト「無意識」

（1915c, S.E.14: 167f.＝全集一四：二一二）

一　ナラティブの権利

右に引用した短い文章において、フロイトは無意識の存在を仮定・推測し、それを擁護している。「それ（It）」は、説明し難い間違いや逸脱した思考、不可解な願望という形となって生じ、意識による抵抗（objections）に遭遇する。無意識は意識が志向するものを愚弄し、意識による正当化を無視する。そして、その影響を被る自我に対して、抑圧という行為で反応することを強いるのである。それは、数ある防衛機制の一つである。フロイトの示す無意識においては、経験もその意味も定まることはない。これら意識と無意識の反目ないし疎遠さは、無意識の解釈としての精神分析を、無意識の赴くままに語ることを認めるナラティブの権利（right for narrative）(10)の諸条件を整える営みへと変えることになる。このナラティブの権利は、今日における人間の自由の一表現として、また想像力の源泉として、そして多くの人々にとっては、私たちが教育を行う理由として見なされているものである。

だが、二十世紀の幕開けとともに、科学の勃興は自らを形而上学を凌ぐものとみなし、実証主義の光を追い求めていくことになった。その只中にあって、フロイトが眠っているあいだの出来事を扱う科学を新たに考案し、『夢解釈』というタイトルで世に問うたのは、このうえなく奇妙に響いたに違いない。フロイトは本書の初版に寄せた序文において、批判や反論が相次ぐことを予想し、本書で検討した夢の大半はフロイト自身のものだと読者に告げるのだが、それは更なる批判を招いただけであった。

私は自分の嗜好ということ以上に、また詩人ならぬ科学者である著者としての務めを超えて、自分の心的な生に関わる内密な事柄を、公衆の視線に晒さなければならなかった。……私はただ、この本の読者に私の置かれた苦しい立場をご理解いただき、寛大さをもって受け入れてくださるようお願いするしかない。そしてまた、ここで報告されている私の夢が、どうやら自分にも関係しているのではないかと思われる方々に、他でもない夢生活というものに対して、自由に思考する権利だけは認めていただきたいのである。（1900a, S.E.4: xxiii–xxiv＝全集一四：五）

あらかじめ予期されていたこうした批判から、読解のレッスンは始まることになる。というのも、思考の自由を実現することは、個人の主観性に深みと謎、葛藤をもたらすからだ。

フロイト（1900a, b）は、夢をもっとも濃縮された大胆かつ非人格的な心理的抵抗と見なしていた。この夢という夜の教育は、私たちの感覚を麻痺させるという仕方で、野生の願望を回帰させるのである。フロイトは、夢の主体とはその夢を見ている人物であるとも述べている。さらに、夢は精神分析における新たな知の対象を指し示す。つまり、理由はわからぬままにあらゆるものを欲望する無意識という対象である。フロイトの主張によれば、謎に満ちた自己を知ろうとする営みは、すでに詩人たちが制約なき自由のもとで物語る際に示しているものと同じものだ。その自由とは、不整合で相容れない考えを容認し表現する権利という自由である。フロイトは、科学も同様に大胆であるべきだと信じていた。

だが、ナラティブという行為はどこに進んでいくか分かったものではない。フロイトはその事実から始めて、とてつもない障壁を作り上げた。対象をどう読み解けばよいのか――そう問うことによって、彼は精神分析の核心に根源的な不確実性を持ち込んだのだ。本書は、そうした読解上の困難に対し、フロイトの独創的な読解様式に焦点を合わせながら、表象と解釈の作業に注意を払いつつ、心理を言語化するとはどういうことなのか、という問いを引き受けるものである。このアプローチによって、私たちは核心的な問題に直面することになるだろう。それは、私たちが教育について考え、教育という概念そのものを分析する手法に、精神分析がどう影響を及ぼすのか、という問題である。

フロイトの流儀を紹介するにあたっては、精神分析の用語を用いつつも、その意味を確定することなしにおこなう必要がある。定義づけをしてしまうと、心的な出来事のうつろいや迂遠さ、不安定さを十分に表現できなくなるからである。実際、精神分析の言語は驚くほど流動的である。対象の変移の軌跡や生それ自体に課せられる重みを考えれば、そうならざるをえない。経験と意味のあいだに起こる葛藤は、精神分析家にとって学ぶべき課題となる。これら学習を進めていくうえでの障害は、精神分析の謎めいた手法、材料、知識となっていく。精神分析は、もっとも不確かなもの、知られざるもの、それゆえに構築されうるであろうものによって導かれるのだ。

こうした不確かなものすべては、フロイトが「心的装置（the psychical apparatus）」と呼んだ心のメカニズムと、そこから生み出されるストーリーのあいだに問題を引き起こすことになる。精神分析に対する当初の反論は、人間の感情世界に関する記述と、それを言い表す理論との区別をどうつけるのか、というものであった。この指摘はとてつもなく厄介なものだ。たとえば他人の不安を指摘したとして、その不安の記述が指摘した当人の不安の投影ではないと言い切れるのだろうか。

投影という概念を考慮しつつ感情の世界に焦点を合わせたとき、その影響を受けない観察は可能なのだろうか。セリーヌ・シュプレノン（Surprenant, C.）はフロイトの術語集の序論で、こうした理論上および実践上のジレンマについて、「『物それ自体（things themselves）』あるいは『精神の現象（mental phenomena）』と、その原因に関する『説明（explanations）』とを区別することは、いかにして可能だろうか」（Surprenant 2008: 12）と述べている。研究対象、そして私たちが研究対象に深く関わること、さらにそれら研究対象を解釈することは、それぞれどう区別できるのだろうか。また、解釈は元々ある批判や反論のバリエーションをどこまで繰り返すものなのだろうか。この厄介な問題をもっとも上手く要約するとすれば、以下のようになるだろう――精神分析的に考えるとは、無意識の中に巻き込まれることである、と。

このジレンマは、心理学というものが存在することの必然の結果でもある。心理学が可能にするのは、心理的プロセスを知る手段を得ることにある。だが、心理的な主体を対象とする場合、その探究のあり様は二重の影響を被ってしまう。フロイトはこのジレンマを転移という概念を用いて考え抜いた。つまり転移とは、人は愛をどう学んできたのかという、その歴史に対する無意識の注釈であると同時に、さまざまに連想する精神がどこに行き着くのかを記述するものでもあるのだ。フロイトに回帰することで、私たちはこうした捉えどころのない事柄を色々と試し、また、論争や課題、欠陥、矛盾といった精神分析上の優れた素材から学ぶとはどういうことなのかを検討するのである。

精神分析の捉えどころのなさに取り組むにあたり、本書はリチャード・ヴォルハイム（Wollheim, R.）の洞察に依拠している。彼の洞察とは、主体の認識論と存在論の双方に対するフロイトの偉大な貢献は、日常生活にある概念を利用してその意味を拡張して深め、詳細に記述することにあった、というものだ（Wollheim 1991）。また意味の拡張に関していえば、本書はサミュエル・ウェーバー（Weber, S.）の文学的考察も参照している。彼はフロイト自身が自らの着想に巻き込まれることに関して、「フロイトの著作と思考はいかにして徐々に、自らが最初に記述し解明し始めるものへと取り込まれていくのか」（Weber 2000: 1= 二〇〇九：三〇三）と述べている。ウェーバーのこの言葉を別の角度から見ると、フロイトは自伝的な文章しか書き記さなかったという意味にも理解できる。実際、数多くあるフロイトその人に関する著作の大半は、フロイト自身に精神分析を適用したものだ。だが一方で、ウェーバーの考察からは精神分析が直面する状況の特異性も窺える。つまり、精神を精神の理論から切り離すことはできないということ、さらに主観性とはこのような奇怪さの一表現であり、それは間主観性を必要とすることの証でもあるということだ。

フロイトはまず、ナラティヴの権利（narrative rights）から始める。すなわち、彼の臨床的手法である自由連想と「談話療法（talking cure）」である。彼は解釈を「フィクションが持つ不気味な効果」（1919c, S.E.17: 249= 全集一七：四八）、あるいは、想像力あふれる作家が現実にはありえない内容を含んだ空想に対して自由に論評を加えることを許容するもの、と考えた。[11] この言葉が持つ放縦さに対するフロイトの関心は、精神が詩的許容（poetic license）を用いるのと同様に、なぜフロイトがそのような詩的許容を用いなければならなかったのか、そして患者の語りを通して、フロイトはいかにして詩的に語ることの正当性を求めるべくして詩的正義（poetic justice）(12)を探求していったのかを説明するのに役立つだろう。このようなわけで、意識されることのない「心的な何か（something mental)」が、常に理論と実践の中に見出されることになるのである。それでいて、理論と実践とが無意識の概念に結びつけられると、あらゆる知的動機や知的展開、知の事後作用などは、それぞれに異なった重層決定されたものへと、それゆえに影響を受けた意味体系へと変わっていくことになる。憎悪や愛情、敵意、攻撃性、嫉妬、説明し難い思考や行動といった回りくどい経験は、いったん意識の枠から外れてしまえば、それらを理解するのは解釈上の問題となる。すでに経験に銘記されたことについて、知らない、忘れている、あるいはそれについて知りたくないということ自体が、主体の精神活動や心的な生における詩的な振る舞い（poesies）なのであり、この世界での活動や精神分析への抵抗を特徴づけるのである。実に、意識が志向する世界とは脆いものであり、そこには不安に抗するための自我の防衛機制による嘆きが存在するのだ。

以下、フロイトの主張の特に斬新な二つを取り上げよう。一つは、意識とは心的な生において例外的なものであるということ。もう一つは、先送りされた意味とは心的経験や多様な性的倒錯、さらには心的装置が発達し、考え苦しんだ、その記録簿であるというものである。さらに、私たちは主体に関してもっとも不確かで不完全な要素にも直面する。心的で無意識的なもの、つまり失われた対象は、フロイトが生涯をかけて追究した精神分析の捉えがたい土台となる。そして本書においても、その失われた対象が、教育とは意識と直接経験から学ぶものだという思い込みに依拠する教育の盲点に対して、鋭い批判を可能にする優れた道具となるのだ。フロイト以降、葛藤や無知を無視した教育というものは考えられなくなった。無意識は、私たちがどのようにして過去の出来事を知り、人生を語るようになるのかということに対する自信を揺るがせる。この主張により、フロイトは後代に知に関するアイロニーを残すことになった。つまり、知識は決してそれ自体として完全ではなく、私たちの知りたいという欲望から生じる以外のいかなるものによっても癒されることはないということだ。さらにいえば、知の伝達と受容は、知ろうとする者が転移を詩的に解釈するための手段である詩的許容を使わなければ困難なものとなるだろう。

フロイトとともに思考するということは、無意識、そして精神分析が、私たちに何を求めているのかをよく考えなければならないということだ。この精神分析による要求は奇妙かつ異様に映るので、私たちとしてはそれに反論せざるをえなくなる。逆説的だが、フロイトと精神分析への反発ないしは反論によって、精神分析の新たな知の形態が生じ、その影響を受けた知識を活かすことで精神分析を進めるための新たな手段が得られるのである。フロイト自身も潔く、また厳然と認めていたように、何が実践と理論の位相に含まれるのかを理解するうえで、無意識は強烈かつ恐るべき障害となりうる。無意識は他者を助けたいという理性を濁らせ、他者を助けられるという無垢な空想にも敵意の印を示し、さほど重要ではない意識の論理を拒絶し、私たちの価値ある属性を失わせ、所用で出かけたのに何をするはずだったか忘れさせてしまう。私たちは、こうした錯綜した事態の中から、教育への抵抗と学習の理論の双方を見出すことになるだろう。

さて、これら注目に値する認識論的および存在論的な変質のすべては不注意から生じている。たとえば、名前を忘れる、言い間違いや書き間違い、子ども時代の思い出、読み間違い、冗談、機知、夢、偶発的な出来事といった、何の変哲もない不整合である。一九〇〇年から一九〇五年におけるフロイトの初期の著作では、こうした日常的なテーマが扱われている。まず、フロイトは自己分析から始める。彼によれば、自己とは夢を見て、名前を忘れ、創作の行き詰まりに苦しみ、味方と敵を取り違え、承認を求める主体である。フロイトが意図するのは、意味が日常の精神病理によって損傷を受けているということであり、私たちはこうした病理を利用することで、内奥にある葛藤や空想、凝縮された願望を理解することができるということである。そこから始めて、フロイトは幸と不幸という問題について思索するのである。

さらに、初期のフロイト（1899）は「遮蔽記憶（screen memories）」という言葉を用いて、記憶もまた過去に起きたことと一致しないと主張した。フロイトならば、次のように言うであろう――子ども時代の記憶は存在せず、子ども時代についての記憶だけが存在する、と。記憶は出来事に遅れて発生し、その過程で失われることすらある。それはあたかも欲望や願望、セクシュアリティ、不安、空想、防衛、そしてエディプス神話など、時を経てあらゆる塵が積り重なった考古学的遺跡のような姿を示しているのだ。フロイトはファミリー・ロマンスに関する一篇のエッセイ（1909）を発表したが、その中で人間はどこから来たのかという子どもの執拗な質問のなかには、自分が間違った家族に生まれてきたのではないかという空想が紛れ込んでいると指摘している。記憶とは、逆説に満ちた忘却の物語であり、幼児期の生に関する奇妙な発言から過去を構成しなければならない困難さを抱えるものなのである。

精神分析の研究室では、記憶の手続きは信用されない。忘却は、抑圧という問題、つまり過去の出来事をもっとも認識しにくい形で裁断する作業を含んでいる。考古学という言葉は、フロイトにとって最良の隠喩であろう。遮蔽記憶は「胴体だけ残った彫像（torso）」（1899, S.E.3: 306＝ 全集三：三三二）しか後に遺さないのだ。

フロイトはまた、過去と未来について考察しようと努めた。彼は、時間を事後性の原理によって機能しつつ、置き換えという機制に従い、言葉に収めきれない行為の反復強迫によって影響を受けると考えたのである。フロイトは、時を超える何かを私たちの精神のうちに想定した。すなわち無意識である。無意識は、印象やイメージ、知覚、願望、欲動、抑圧されたものの貯蔵庫である。力動的な無意識は、生を持続させ、分断し、そして生み出す。それは快を求める原動力となるが、固着や反復強迫も引き起こす。無意識は逆説的な性質を持つので、過去の出来事に対して心理的な乖離を示す。無意識には時間がなく、矛盾を容認し、否と言うことがないのだ。無意識の論理は、願望や夢生活の論理と似ている。フロイトによれば、これら一次過程が全能の帝国を築き上げ、私たちの主観性の基盤にあるものを夢や妄想、失錯行為といった暗号に変換して発信するのである。

フロイトが考える基本問題とは、このような無意識の謎に満ちた症状にある。つまり、そうした症状が、抑圧によって窒息させられてしまった意味と交信する方法である。私たちは想像上の統一性を捨て、内なる他者性、つまり不連続性や再分割、差異や浮遊といった不可思議な記録から思考するよう求められる。こうしたすべてのことは、私たちが直面しうる最大の反論を招くだろう。すなわち、精神分析では無意識こそが主体ではないか、というものだ。だとすれば、そこから得られる意味には何の保証もないことになる。無意識は思考の自由やとめどなく語りがあふれ出るナラティブの反乱（narrative revolts）、そして自由に語ることを認めるナラティブの権利をもたらすものである以上、それは当然である。心が生み出すこのような放縦さは、教育の意義や目的を新たな倫理的課題へと拡張することになる。それはまた、進歩や退行といった言葉を心理学用語で定義せねばならないという課題、さらには教育を意識による探索や抵抗を超えたものとして考えるという課題へと、教育の意義や目的を拡張することになろう。意識以外の何かが、目的や動機、意図や欲望を突き動かすのである。そこで私たちは手始めに、フロイトの無意識に関する所説を取り上げ、フロイトがいかにして精神分析に対する批判や反論を精神分析の対象へと変えていったのか、そして精神分析における知の対象であるとともに、思考の新たな障害であるこの転移が、なぜ教育の行く末を思い描くうえで重要なのか、といった点について考察することにする。

二　メタサイコロジーとその変遷

「無意識」（1915c）は、「メタサイコロジー諸篇（The Metapsychology）」として知られるフロイトの五篇におよぶ理論的論文のうちの三番目のものである。精神分析の創始からちょうど十五年目に執筆された本論文において、フロイトは心理学の心理学、つまり活動的な心的生活を構成する諸力やダイナミズム、メカニズムについて描こうと試みた。この一連の論文は、欲動や抑圧、無意識、夢理論、そして喪の仕事とメランコリーといったフロイトの中核的なテーマに関わる思索を展開したものである。そのいずれもが、喪失という問題、たとえば愛の喪失や現実性と時間の喪失、そして自己と他者の喪失といった問題と関わっているように思われる。

システムとしての無意識という観点から、フロイトはその特徴を要約して「無矛盾性、一次過程（備給の可動性）、無時間性、そして心的現実によって外界の現実を代替させる作用」（1915c, S.E.14: 187= 全集一四：二三六、傍点は原文）と述べている。この論理に則って、フロイトは情動、すなわち解放を求める内的緊張の理論を構築するのである。身体的苦痛が引き起こす内的な欲動の衝迫を理解するうえで、彼が最初にモデルとしたのは母を求める赤ん坊の泣き声である。フロイトはメタサイコロジーに関する最初の論文「欲動と欲動運命」において、生への衝動を引き起こすのは本能、つまり欲動だろうと述べている。ここで彼は心的な生を心理学的観点から検討している。

「欲動（instinct）」は、心的なものと身体的なものとの境界概念として私たちの前に現れる。すなわち、それは身体の内部に発し、心へと到達する刺激を心的に表すもの、すなわち身体との繋がりにおいて機能するがゆえに、心的なものに課せられることになる要求を測る尺度なのである。（1915a, S.E.14: 120f.＝全集一四：一七二）

フロイトは自身の理論を発展させるにあたり、二種類の欲動を想定した。自我欲動（すなわち自己保存欲動）と性欲動である。いずれの欲動も知りたいという欲求に影響を与え、愛と憎しみ、両価性といった生物学的ではない何らかの要因によって駆動するものである。

このメタサイコロジーにおいて、快やリビドーの興奮、相容れない不整合な観念、願望が負うことになる代価、さらには愛の喪失やナルシシズムの挫折にともなう苦痛などから、新たな難問が生まれることになった。まさにこの点において、フロイトは心理学を暗示と催眠に頼るものから深層心理学と精神総合へと変容させ、さらに晩年には自我心理学、そして防衛と分裂に関する分析へと発展させていったのである。このメタサイコロジーは、あくまでも仮説的な理論であるが、その後二十四年にわたって不安という情動に対するフロイトのこだわりを方向づけることになった。彼はこの不安の情動を、人間の依存状態やトラウマ、分離、愛の喪失、無常の問題に結びつけていくのである。

一九二〇年代初頭に、フロイトは対象関係や情動、物と言葉、願望や欲動との関連から構築された三層構造論、すなわち意識、前意識、無意識という精神の仕組みに関する第一局所論の再構築を行った。それら表象は、自我、エス、超自我として知られる諸審級に受け継がれている。こうした諸々の表象に関するフロイトの優れた言説は、一九二三年の著書『自我とエス』(1923a)に見られる。自我、エス、超自我は、葛藤を抱えた集団心理や文化、愛の痕跡といった感情世界を形づくる。心の発達に目を転じると、心的装置は気まぐれな過去における心の出来事とそれに対する抵抗によって形づくられ、人格化されることになる。フロイトはこうした審級の中に、無意識によって行われた教育が混成していることに気づき、自我の不安を観察することで、人格の形成因子に関する理論を形づくった。彼は心的装置に、衝迫を示す葛藤、感情の投資、情動、対象関係など、欲動に影響されるものすべてが働く独自の力場を認めた。さらには快原理、つまり当初フロイトが心的な生や他者を求める動機を支配する法則として考えていた原理を超えて、さらに思索を深めていったのである。

フロイトは攻撃性や不安、マゾヒズム、そしてサディズムといった問題を考察するにつれ、夢解釈にもとづいて願望充足と不快の回避が心的な生の動機を方向づけるとした初期のリビドー理論に納得ができなくなっていた。『快原理の彼岸』を出版する頃には、不快の回避に関する認識を変え、「これは心のもっとも不明瞭で近づきがたい領域であって、この領域にどうしても触れざるをえないのであれば、もっとも緩やかな仮説に留めておくのが最良のやり方である、と私は思う」(1920a, S.E.18: 7= 全集一七：五六)と記している。そして、フロイトは自らの理論に生と死の欲動を導入し、読者に対して次のように警告している。「以下に述べることは思弁である。往々にして度の過ぎた思弁であって、読者は各々の立場からそれについて評価したり、無視したりすることであろう。さらに言うなら、それがどこに向かっていくのかを知りたいという好奇心から、ある一つの考えを終始一貫して追究しようという試みである」(ibid. 24＝一二三)。ここで問題となるのは、心的機構はどれくらいの量の興奮を抱え込み、放出することができるのかということである。生の欲動は絶えず大きな統合を遂げようとし、また複雑性を志向するものとみなされるのに対し、死の欲動は破壊、破滅、解放、消滅を志向する。フロイトはこの二つの欲動を駆使して、人間の目的や動機、願望に関して、表現しえない何かを提示したのである。フロイトは本論文の末尾において、詩人リュッケルト(Rükert, F.)の次の言葉を引用している[13]――「飛翔によって近づけぬものは、足を引きずってでも近づかなければならない」(ibid. 64＝一二五)。

フロイトは一九二六年の著書『制止、症状、不安』(1926a) において、自身のメタサイコロジーの枠組みを修正している。彼のやり方は、抑圧に関する初期の見解に対する自らの異論や疑問を詳しく考察するというものであった。それからほどなくして、精神分析による新たな知の対象がもたらされた。不安である。当初、彼は不安を抑圧されたリビドーが変質したもの、およびその結果であり、抑圧の後遺症であると主張していたが、その考えは放棄された。不安は生まれた時から存在しており、抑圧がその原因なのではない。それどころか、不安はメタサイコロジーを書き換える概念でもあるのだ。メタサイコロジーは、組織化されたものとしての自我、その成り立ちの過程と対象喪失による影響を受け、数多くの防衛機制――そのうちのいくつかは全能感や分裂、すでに起こったことの取り消し、現実否認といった魔術的なものである――の総体としての自我に焦点を当てるのである。いまや自我から生じる不安は、舞台の中央に立ち、愛情喪失という私たちの原初的な依存性や寄る辺なさに起因する危険を示すシグナルと見なされる。それはまた、生きていくうちに累積する一連の喪失を示すものでもある。フロイトは、乳房の喪失、去勢不安、道徳的不安、死への不安など、各発達段階において現れる不安について言及する。いずれも消滅への不安と「絶えず繰り返される対象喪失」(1926a, S.E.20: 130= 全集一九：五八) とに関連している。フロイトは本論文の第八章[14]において、自らの困難についてこう記している。「私たちがまさに求めているのは、不安とはそもそも何なのかということである。つまり、不安について、それに関する正しい見解を誤った見解から区別してくれるような基準である。しかし、これを得るのは容易ではない。不安とは、そう単純に把握できる問題ではないのだ」(ibid. 132= 五九)。

フロイトのメタサイコロジー論が発展するにつれて、主観性と間主観性はエロスとタナトスの力、つまり生と死とに複雑に結びつけられることになった。人間は自らの願望や欲動、夢の仕事、無意識、愛の痕跡、不安、愛に対する失望、外的世界といったものに振り回されやすい存在である。これこそ、フロイトが心理学によって明らかにしたかった事柄であり、心理学を意味と経験の矛盾、対立として提唱した理由なのだ。この論文全体を通して、私たちはフロイトが思考を抽象化する精神の能力、道徳規範、やがて来る死に対して楽観的であったことが窺える一方、人間がもたらす破壊性、破滅的な尊大さ、無意識に惹かれる自我に目を向けたとき、フロイトはそれらに対して悲観的な見解を持っていたことが分かるのである。

三　フロイトの臨床実践

フロイトの精神分析家としてのキャリアは、一八八六年にオーストリアのウィーンで始まった。医師の資格を得て神経学の研究から離れた後、ヒステリー（hysteria）と呼ばれる神経の病に苦しむ女性患者や強迫神経症の男性患者の診察を始めたのである。当時、神経症患者は評判が良くなく、仮病あるいは大仰な病気であるとすら見なされていた。これは、当時の医学では身体の苦痛などの症状が生理学的原因によるものでないのなら、そうした苦しみには根拠が無いとみなされていたことによる。だが、フロイトは別の見方をしており、意味としての病という問題が、精神分析（psychoanalysis）という用語がまだ登場していない最初の刊行物である症例研究（1893-1895）において、徐々に焦点化されていくのである。

一八九三年から一八九五年にかけて、フロイトは同僚のヨーゼフ・ブロイアー（Breuer, J.）との共著で、彼らが扱った症例と理論的考察を『ヒステリー研究』というタイトルのもとに発表した。二人は、各々が異なる章を執筆した。ブロイアーはカタルシス法を考案して患者に催眠を施したが、フロイトは催眠術に飽き足らなくなっていた。催眠で症状が消えることはなかったし、患者に「あなたはだんだん眠くなります」と絶えず繰り返し、患者が「いえ、眠くありません」と答えるのを聞くのにも嫌気がさしていたからである。フロイトは当初、この抵抗が患者に起因するものなのか、自分の催眠スキルの問題なのか、はたまた催眠術という手法それ自体の問題なのか判断できなかった。何より重大なのは、患者に信じるべきことを暗示しても症状が消えないことだった。フロイトはこの初期の段階で患者の抵抗や反論から学び、相互の信頼関係や細やかな配慮の必要性について考え、そうした問題に関心を抱くようになっていた。彼はこうしたやり取りを、エミー・フォン・N夫人の症例の中で紹介している。フロイトは診察中に、彼女の話を度重なる質問によってさえぎった。

彼女は相当厭そうに「私にはわかりません」と答えた。私は明日までに思い出しておくようにと伝えた。すると彼女は明らかに不機嫌な口調で、次のように言った。「これは何に由来しているのか、あれは何に由来しているのか、と繰り返し尋ねるのはやめて下さい。そうではなくて、私が先生に言わなければならないことを語らせてください」。……彼女の話に対して、私がなだめるような言葉をかけると、彼女は楽になったと言うのであった。（1893–1895, S.E.2: 63= 全集二：七六）

フロイトは患者たちから聴くことを学んだ。さらに、新しい執筆のスタイルも学んだのである。

私はこれまで常に精神療法家であったわけではなく、他の神経病理学者と同様に局所診断や電気予後診断の教育を受けてきた。したがって、私の記述した病歴が短篇小説のように読まれうること、そしてこの病歴には科学としての厳密な特徴が欠けているように見えることに、我ながら奇妙な感覚を抱いている。こうしたことは、私の好みというよりはむしろ、明らかに事柄の性格に起因するものだ、と思って自分を慰めるしかない。局所診断や電気反応は、ヒステリーの研究に何ら役に立たない。他方、心的過程の詳細な記述――私たちはしばしばこうした記述を、想像力あふれる作家の作品に見る――は、若干の心理学的公式を用いるにせよ、少なくともヒステリーの経過に関するある種の洞察を私にもたらしてくれる。……すなわち、患者の苦しみの物語と病気の症状とのあいだに密接な連関が描かれているという点だ。（1893-1895, S.E.2: 160f.= 全集二：二〇五―二〇六）

ここでも再び、患者の語りがあふれ出るナラティブの反乱の場面を、詩的許容を用いて解釈する一例が見て取れる。

三　フロイトの臨床実践

初期の患者としてよく知られているアンナ・O、エミー・フォン・N、少年ハンス、ドーラ、狼男、ねずみ男などに論及することで、フロイトの理論は驚くほどの水準に達した。しかし彼の生涯を通じて、これら患者たちは抑圧や幼児期神経症、抵抗、防衛機制、転移といった考え方、さらには精神分析そのものに対する重圧ともなっていった。フロイトは成功を収めた「症例（cases）」を発表することがなかった。これは彼が、もっとも不完全で直感に反し、思考に合わないものからこそ学びは始まると考えていたためである。一九一〇年から一九二〇年にかけて、フロイトはそれぞれに分析期間が異なる、優に一三〇件を超える分析を行っていたようである（May 2008）。

フロイトが精神分析を行っていた部屋は、どのようなものだったのだろうか。病を患っていたフロイトはウィーンを離れ、最晩年をロンドンで過ごしたが、一八九一年から一九三八年まで暮らしたウィーンのベルクガッセ一九番地の自宅には、臨床実践のための診察室と書斎の二部屋が確保されていた。この住居は手狭で、数頭の犬と親戚を始め、マルタ・ベルナイスとの結婚から九年間のうちに生まれた六人の子どもたちが暮らしていた。一八九五年[15]に誕生したアンナ・フロイトが最後の子どもである。これらの部屋には、フロイトが個人的に集めた二〇〇〇点を超える古代遺物も収蔵されていた。それらは、彼が一八九〇年代以降に収集したものである（Gamwell 1989）。加えて、考古学や文学、人類学、科学に関する膨大な蔵書もあり、その数は二四〇〇冊を上回ろうかというほどで、中には一二八巻に及ぶゲーテの著作集も含まれていた（The Freud Museum 1998）。

患者は指定された日時にこの診察室を訪れた。フロイトは午前中に診察をおこない、午後は執筆作業、夕方に講義をして同僚たちと会うか、トランプに興じるなどした。彼の診察室には長椅子が置かれており、患者はそこに身を横たえた。この長椅子は裕福な患者から贈られたものであった。フロイトはというと、長椅子の後ろに置かれた椅子に座るのであった。これはもともと彼が見つめられるのを嫌ったことによる。後にフロイトは、この配置によって双方がプライバシーを保ちやすくなり、患者の言葉の移ろいに集中しやすくなると感じていた。患者は毎回一時間ずつ、週に六日あるいは七日やって来ることもあった。中にはフロイトと会ったのは数回だけという人たちもいた。他方、「ドーラ（Dora）」のように、フロイト自身は分析が始まったばかりだと考えていたにも関わらず、分析の終了を自ら劇的に宣言する患者もいた。また、狼男は自分の分析が終わることを望まず、フロイトが終了の日付を定めたというケースもあった。

フロイトの精神分析の文法を支配したのは、逆説や皮肉、否定や造語といった修辞的表現、そして隠喩や換喩、省略や言い間違いといった、言葉によってなされる機能への注目であった。何であれ、彼は患者たちに心に浮かぶことをすべて話し、また自らの語りの主人になるよう求めた。言葉や事物に対する関心から、フロイトは創造的な作家や芸術家、詩人、そしてもちろんソフォクレスのギリシャ悲劇からも縦横無尽に引用した。彼はドストエフスキーやゲーテ、ミケランジェロ、シェイクスピアらの作品について書き表し、ジョージ・エリオット、ゾラ、ダンテ、トウェイン、その他多くの作家の言葉を引用している。さらに、当時の偉大な思想家であったアインシュタインやシュテファン・ツヴァイク、トーマス・マン、H・G・ウェルズ、H・D（ヒルダ・ドゥリトル）らと書簡のやりとりをしていた。誕生日の挨拶にさえ、フロイト流の言葉遣いが窺える。たとえばその一つとして、一九三五年のトーマス・マンの誕生日には、次のように書き送っている。「私はあなたのために、長寿と幸福な人生を祈念することもできましょう。このような機会には、そうするのが習いです。しかし、私はそうしません。祈念するというのはたやすいことで、私には思考の魔術的な万能を信じていた時代へと逆戻りするように思えるのです」(1935, S.E.22: 255＝全集二一：三一二)。

一九三〇年、フロイトは生涯で唯一の賞を受賞した。格式高きゲーテ賞である。彼の受賞スピーチは娘のアンナ・フロイトによって読み上げられ、精神分析は文学とゲーテを拠り所にしていると して、次のように挨拶している。「私は、ゲーテであれば、私たちの同時代の多くの人々がするように、敵意をもって精神分析を拒絶するようなことはなかっただろうと思います」(1930b, S.E.21: 208＝全集二〇：一七七)。一九三六年には作家のトーマス・マン(Mann, T.)が、フロイトの八十歳の誕生日にウィーンの聴衆に向けて祝辞を述べ、あらためて文学の希望が精神分析とともにあったこと、加えてナラティブに考え抜くことが両者のもう一つの共通点であるとして、次のように述べている。「病を理解するということ、より正確にいえば知の道具として病を理解すること、これこそが科学と創造的衝動の結合なのです」(Mann 1957: 306＝一九七一：三八三)。

フロイトは神経症に関する初期の論文のなかで、遺伝による疾患という理論を退け、精神医学は性的倒錯という人種差別的な観念に頼るのをやめて、心理学という不確かな世界を受け入れるべきである、と初めて公然と宣言した。「精神分析という新たな方法は、いささか手が込んでおり、他で代替できるものではない。それほどに、この手法は無意識の観念化の薄暗い道筋を照らすのに有効であることが分かってきたのである」(1896, S.E.3: 151＝全集三：一八五)。彼は、この新しい方法について多くを語っていない。実に、この精神分析のやや手の込んだところが、無意識の観念が意味するものを明らかにしたいという意欲を喚起するのである。フロイトが精神分析（psychoanalysis）という用語をより広義に発展させ、多様な表現を含むものとしたのは、後になってからであった。それは、精神分析運動、研究手法、精神に関する理論、そして抵抗や抑圧、退行、知性化、昇華といった不安に対する機能的概念および防衛機制、転移解釈にもとづく治療、あるいは患者の語りから想起するものとは別のものを聴くという革新的なアプローチなどである。

一九二二年までには、精神分析（psychoanalysis）は希望に満ちあふれた分野となっていた。多くの療法家や患者たち、敵対者、そして関心を示す思想家がおり、治療と教育の施設がウィーン、ベルリン、ブダペスト、ロンドンに設立された。それは精神分析の時代とでもいうべきもので、学術会議、雑誌、書籍、子どもと成人を対象とした精神分析、教育分析、実験教育、無料診療所、そしてフロイト理論と競合する諸理論などが登場した。さらに、精神分析は創作芸術にも影響を及ぼし、多くの芸術家たちが精神分析のコミュニティに引き寄せられていった。変わらないのは精神分析に対する反発だけで、誰もが批判に夢中になっていた。

一般大衆に向けたものについていえば、フロイトは百科事典の項目において、やや無味乾燥な筆致で、精神分析の指針について次のように記している。

精神分析とは、（一）他のやり方ではほとんど近づくことのできない心の出来事を探求するための一手法、（二）この探求にもとづいて神経症を治療するための方法、（三）こうした道を歩む途上で得

られる心理学的知識、に対する名称である。(1923b, S.E.18: 235= 全集一八：一四三)

さらに彼は、精神分析理論の基本綱領を次のように規定している。

無意識的な心の出来事という仮定、抵抗説と抑圧説についての承認、セクシュアリティとエディプス・コンプレックスに対する正しい認識……これらすべてを是認することができない者は、自らを精神分析家のうちに数え入れてはならない。(ibid. 247= 一五九)

この項目はさらに「精神分析に対する批判と誤解」に関する注記も含んでいる(ibid. 251= 一六五)。彼はそこで自らの理論に対する主だった批判を、批判者自身の感情的な抵抗に起因する誤解として説明する。そうすることで、精神分析に対する抵抗や反発から生じる困惑も、探究し変容する価値のある精神分析の一対象とされたのである。

だが同時にフロイトは、精神分析で何もかもが説明できるわけではないと明確に主張していた。また、すべての原因を引き起こす第一原因のようなものを主張していたわけでもない。というのも、彼の広範囲にわたる手法は、重層決定という考えを基盤としているからだ。説明できないことは数多くあり、精神分析の発展や失敗、隘路、修正、そして倫理の概要を示すことが、フロイトの精神分析擁護のスタイルであった。批判する者たちへの対処は、彼が採用したすべての執筆戦略と同じくらい重要なものである。結局のところ、精神分析は心の無意識的葛藤の理論である以上、批判や議論なくしては成り立たないのだ。精神分析への抵抗に対するフロイトの典型的な言明は、「精神分析のある難しさ」という短い論文において見られる。

> まず初めに述べておきたいのは、表題の「難しさ」という言葉で私が考えているのは、知的な難しさということではなく、また精神分析が聴衆や読者にとって理解しにくいということでもない。それは情動的な難しさということである。情動的な難しさとは、精神分析を受け入れようとする人々の感情に対して精神分析から離反させるようなものであり、そのために、人々は精神分析に対して関心や信用をますますおかなくなるのである。いずれ明らかになることであるが、この二つの難しさは、最終的には同じ結果にいたる。共感できない人は、その事柄を容易に理解することすらできないであろう。（1917a, S.E.17: 137＝全集一六：四五）

さらに彼は読者に対し、共感が必要な理由について次のように説明する――「自我は自分自身の家の主人ではない」（ibid. 143＝五四、傍点は原文）。にもかかわらず、その家には立ち退き通知が存在しないのだ。

フロイト（1940c）はその生涯を終えるまでに、精神分析は「無意識の観念化（unconscious ideation）」を探究することにあるという点に回帰するが、その手法は夢解釈ではなく、目覚めている時の意識の破壊的な特徴を考察するというものであった。彼は主体の病に関する新しい考えを提唱する。それは分裂した主体というもので、その内的世界は分断されており、現実世界をも無意味な断片へと解体するというものである。フロイトが最後に扱ったのは自我に関する問題だ。それは、現実からの要求に背を向け、欲動の満足を現実からの禁止を認識しつつも維持し満たそうとする「私（I）」の問題である。それは、あたかも自我が「事実がそうであることは理解しているが、それを認めたくない」と言うことによって、自らが把握している限界を否定しているようなものだ。彼の欲動理論が教えるように、自我は統合する性質を持ち、それに従って自らを形づくっていくのだとすれば、フロイトは自我の断層を指摘したといえる。自我とは否定的なナルシシズムであり、自己破壊に引き寄せられ、喪失不安に苦しみ、自らの思い込みに魅せられる存在というわけだ。自我はその防衛機制により、自己を否定する能力を有するものと考えられており、自らを細かい断片に粉砕あるいは分裂させることによって、これまで繰り返し経験してきた喪失の歴史を強迫的に繰り返すのである。

フロイトの初期から後期までの著作を貫いて変わらないのは、精神からもっとも遠くにあるものへの関心である。彼の最晩年の未完論文の一つに、亡命直前に執筆された一九三八年一月二日付の論文がある。その中でフロイトは、精神分析に対して自信なさげに次のように述べることから議論を始めている。「私はしばらくの間、自分が伝えなければならないことが、とうに知られた自明のことであるのか、あるいは全く新しい未知なるものとして評価されるべきなのか分からない、奇妙な状態にあった。しかし私は、どちらかと言えば後者の方だと思うのである」（1940c, S.E.23: 275＝全集二二：二六三）。精神の眠った状態と目覚めた状態を想像する作業は、いまだ想像できないものを想像する作業なのだ。

ユダヤ人であったフロイトは、当時の反ユダヤ主義についても熟知していた。ユダヤ人であることを理由に、長い間、大学の教職に就くことができなかったのである。この反ユダヤ主義という問題について、彼はいくつかの論文を著している。フロイトはヨーゼフ・ポッパー＝リュンコイス（Popper-Lynkeus, J.）というユダヤ人作家に賛辞を寄せているが、その中で自らの個人的な思いを次のように書き記している。「私がポッパーに強い共感を覚えたのは、明らかに彼もまたユダヤ人として生きることに辛酸を舐め、現代における文明の理想の空虚さを痛いほどに感じていたからである」（1932, S.E.22: 224＝全集二〇：二八五）。フロイトはリュンコイスと面識はなかったが、その著作のすべてを読んでいた。

一九三三年には、ベルリンで国家社会主義者たちが他のユダヤ系ならびにそれ以外の作家たちの著作に加えて、フロイトの著作を焚書とした。一九三八年までには、国家社会主義者たちがヨーロッパの精神分析を駆逐し、「退廃したユダヤの科学である」と断じて精神分析の実践も禁止した（Brecht et al. 1993）。ヨーロッパのユダヤ系分析家たちは「精神分析のディアスポラ」(16)（Steiner 2000）となって、ラテンアメリカや英国、南アフリカ、中東、北米に逃れた。一九三八年六月、病に苦しむ八十二歳のフロイトは、近しい家族たちとともに出国ビザの代金を支払い、ウィーンを離れてロンドンへと亡命した。

フロイト一家がウィーンを離れる数日前、若いユダヤ人写真家エトムント・エンゲルマン(Engelman, E., 1907-2000) は、アウグスト・アイヒホルンの依頼により、ベルクガッセ十九番地にあったフロイトの自宅と診察室を秘密裏に撮影した。フロイトはそこで五十年近く暮らしたのだった。エンゲルマンは短い回想録に、次のように記している。

一九三八年五月の雨の降る朝、ベルクガッセ十九番地に向かって誰もいない道を歩いていたとき、私は興奮と同時に不安だったことを覚えている。私はカメラと三脚、レンズの入った小さなキャリーバッグを運んでいた。それは一歩踏み出すごとに重くなっていくように思われた。私がほとんどナチスを喜ばすことのない務めのために、ジークムント・フロイト博士のオフィスに向かう途中であることを、私を見ていた人は即座に理解したと思う。その日の薄暗さは、私を不安にさせた。……フラッシュと投光照明の使用は論外であった。アパートはゲシュタポによる絶え間ない監視のもとにあると聞かされていたのである。(Engelman 1976: 131)

エンゲルマンが撮影したのは、フロイトとその家族、一家の居住空間、彼の素晴らしい古代遺物や芸術作品のコレクションがある診察室だった。壁には書籍や原稿が並び、長椅子には東洋風のラグがかけられていた。エンゲルマンがフロイトの家に到着する頃には、既にナチスの旗が屋根の垂木から掲げられていた。エンゲルマンもまた一九三八年にウィーンを脱出したが、彼が写真のネガの在処を突き止めたのは第二次大戦後のことである。アンナ・フロイトがロンドンの自宅にネガを保管していたのだ。

病のフロイトはロンドン移住後、論争を巻き起こした著作『モーセという男と一神教――三つのエッセイ』の全文をついに出版した。初稿は一九三四年に書かれ、一九三六年に改訂されたようであるが、当初のタイトルは『人間モーセ――ある歴史小説』とされていた。最初の二つの論文は既に出版されていたものの、最後の一篇は出版を控えていた。この第三番目の論文に寄せた第二の序文で、フロイトは自らが置かれた状況の変化について次のように書き記している。

当時、私はカトリック教会の庇護のもとで生活しており、私の不安はといえば、論文の公表によって私が教会の庇護を失うのではないかということにあった。……すると、突然ドイツ軍が侵攻してきたのである。……いまや、私の思想ゆえのみならず、私の「人種（race）」ゆえにも迫害されることが確実となり、私は多くの友人たちとともに、幼い頃から七十八年にわたって故郷であり続けた街を離れたのである。（1939, S.E.23: 57= 全集二二：七一）

この序文は、本論文に対する個人的な煩悶に対する注記で締めくくられている。

依然として私は、自らの仕事を前にして確信が持てずにおり、本来ならば著者と著書のあいだに存在するべき一体性と同一性の意識が欠如しているのを感じてしまう。……モーセという男から出発したこの仕事を批判的に振り返ってみると、つま先でバランスをとる踊り子のように思えてしまう。……さぁ、何はともあれ思い切ってやってみよう。(ibid. 58＝七二—七三)

この第三論文は当時の時代批評として、抑圧されたものの回帰、歴史的真実、思想の自由のための精神的条件といった諸概念について論じている。自由な解釈を認める詩的許容は、いまやフロイト自身の正当な動機ゆえに詩的正義となる。というのも、数ある著作の中でも、この三つの論文はユダヤ人の生存物語について記述しているからだ。

ロンドンに移ってから一年強経過した一九三九年九月二十三日、フロイトは他界する。彼の六人の子どものうち、最年少のアンナ・フロイト (Freud, A., 1895-1982) が父の仕事を継承することとなった。第二次大戦後、多くの新しい精神分析の学派が誕生する。それらは多様化し、フロイトの著作を世に広めていった。彼らはフロイトの独創的な読解に関する訓戒を真剣に受け止めていたので、学派ごとに独自のフロイト理解が生まれていくことにもなったのである。

フロイトは、生きることを学び、そして自らの考えを変えていくうえでもっとも実存的な問題は何か、という問いを私たちに遺した。人はなぜありきたりな、もしくは尋常ではない仕方で喪失という苦しみを体験するのだろうか。人の学習の歴史は、どのようにして現在の偏った見方や通常の認識、ないしは思考の様式を編み直すのだろうか。愛と憎しみは、どのような関係にあるのだろうか。願望や欲望は、どのように増幅するのだろうか。罪の意識とは何だろうか。容認できるものとできないもの、整合的なものと不整合なものとのあいだには、真に明瞭な境界線など存在するのだろうか。セクシュアリティとは何だろうか。道徳性の起源は何だろうか。こうしたことをフロイトは問うたのであった。エロス的感情の起源とその特性、そしてそれらの観念や対象に対する独特な結びつきといった問題については、ついに解決できなかった。フロイトは空想とセクシュアリティに関する論文「子供がぶたれる」において、「よく知られているように、私たちが区別する際の基準としている徴候はすべて、その根源にさかのぼるにつれ不明瞭になっていくものだ」（1919a, S.E.17: 187＝全集一六：一三二）と述べている。

フロイトは人間の過去の出来事を記録した遺物に接近するにあたり、それら遺物が現在に落とす影を調べることから始めた。彼は私たちに理論という構築物を与え、同時にその理論を解体し、脱構築する道具も与えたが、そうすることで自らの精神分析研究に懐疑的な視点を組み込んだのである。つまるところフロイトは、分析家に固有の役割とは何か、知識欲という症状はどのようにして愛情や不安、そして防衛を引き起こすのか、無意識の表象を見て私たちが異常な反応を示すのはなぜか、といった問題について考えたのだ。しかしながら、この特異なアプローチを採用することで、フロイト本人も自らが明らかにしようとした手法に絡め取られることになった。生涯を終える頃には、この転移という現象を、精神分析にとって人間の壮大な精神と同じくらい掴みどころがなく、性的で脆い何かを把握するための唯一の条件とみなすようになっていたのである。

四　精神分析に対する異論や反論

フロイトは精神分析に対する異論や反論（objections）を、精神分析的に探究するための教材ないしは徴候的な意味を指し示すもの、さらには判然と理解することが難しい教示として躊躇なく利用した。フロイトが示した大雑把なルールとは、意味の瓦解に関心を持ち、それをもっとも否認され、否定されているもの、さらには忘れ去られてしまっているものに関連づけて考えるというものである。続けてフロイトは、自身の記憶からもっとも遠いものを口にしてみよ、と言う。無意味に見えるもの、根拠づけられそうにないものに注意を払え。分断された思考を注意深く聞き取れ。もしくは、一見すると論理に反し、不適切で意識のルールにそぐわない不完全な文に着目せよ。勇気を持って心に浮かぶ不整合な考えを考察せよ。忘れ去られた語の意味を見つけ出せ。口から出そうで出てこない言葉を調べよ。こう助言するのである。こうした迷える思考は、忘れ去られた過去の出来事と関連づけられ、新たに語りなおすこともできるだろう。私たち人間は印象に左右される生き物であるし、未知なるものの影響を被る存在でもある。だからこそ、理解する前に学ぶのだという考えをもって、経験が及ぼす力について検討するよう私たちを誘うのである。

フロイトが想定していたであろう反論のなかでもっとも実存的なものは、精神分析への抗議が抗議する者をして自らが拠って立つ脆い存在論的な基盤を問い返すことになる、というものだろう。フロイトは、人間を何よりも未熟なままに誕生し、幼児期に抱く性に関する理論や理屈の影響を受け、リビドーの持つ充当能力に過度に左右される感情的で性的な存在とみなすようになっていた。こうした事実は人間の脆弱さを示すと同時に潜在能力でもある一方、苦しみの意味を求めるべく愛情を必要とすることとも関わってくる。さらにフロイトは、幼少期において満足と快とが無意識のうちに銘記された未成熟な人間のあり様に、怖れと心的欲動とを付け加える。これらは、信頼したいという私たちの思いや、確証や理由が欲しいという気持ちに絶えず揺さぶりをかけることで、私たちを疲弊させるのである。フロイトの理論においては、意味はもはや経験を整理するための句読点などではなく、遅延や置き換え、防衛や葛藤を示すものなのだ。

確かに、このような考えは私たちを憂鬱にさせる。だが、他者とともにある世界を生きていかねばならないという事実もまた、私たちを陰鬱な気分にさせる。自分が本当は何を言っているのか、他人は自分をどう受け止めているのか、そのことについて確信を持つことは決してない。暴走する考えに振り回され、いまだ経験したことのない未知の経験に翻弄される。さらに、私たちは信頼できない語り手という今までにない立場に置かれる。というのも、諸々の観念や考えもまた決してあるがままに現れ出るとは限らないからだ。観念の不在や分離は、さらに強く私たちを動揺させるだろう。フロイトが、世界を受容するという行為を自己の燃えたぎるような願望を読み解く問題へと変換したとき、彼は知覚や判断、快、愛、思考の働きに関する私たちの考え方を一変してしまったのだ。いまや知覚は私たちが幼少期に喪失した対象や心のむなしい努力によって作り出された満足を、この世界において再発見するための心的活動となる。世界に関する私たちの思想や理論は、世界に対する私たちの願望とさほどかけ離れてはいるわけではないのだ。

哲学者マルシア・カヴェル（Cavell, M.）は、真に私たちを悩ませるものは何かという問いに対して、一つの手掛かりを示している。「フロイトは、人間が神経症に陥る原因を他者への長期にわたる依存と象徴化の能力のうちに見出したのであった」（Cavell 1993: 1）。同じく哲学者のデイヴィッド・ザックス（Sachs, D.）は、次のようにフロイトを紹介しつつ問題提起している。「思い切った言い方をするなら、無意識はまず初めに私たちを発狂させ、狂ったままにする。……フロイトの著作の然るべき概説であれば必ず、人間は誰もが人生のある段階において神経症的であるか、神経症的な傾向のために大いに悩む、とフロイトが主張していると書くはずだ」（Sachs 1971: 132）。ジュリア・クリステヴァ（Kristeva, J.）は精神分析家としての立場から、この考えを受け継ぎつつ、さらに一歩先に推し進めている。「患者と同一化し、もっと容易に共感するべく患者の不安や興奮をも取り入れることで、分析家は転移をヒステリックなものとする。私たちは誰もがヒステリー患者――少なくとも間断的には――なのだ」（Kristeva 1995: 64）。

神経症、精神病、倒錯はいずれも心の構造の問題だが、それらに対して免疫を持つ者など存在しない。たとえば、私たちは人間が作りだした観念や言語、他者との関係、文化的な誕生、出生、家族、そして教育といったものから、何が合理的で不合理かを会得する。そうした経験によって、私たちは情動的な生を記録し、意識の限界や計画、動機を拡張していく。意識、すなわち物それ自体を知りたいという願望は、実に心的な生の産物でもなければ、精神の現実性を保証する手段ですらない。フロイトはその心的構造論において、抵抗を「身体自我（the body ego）」（1923a, S.E.19: 27=全集一八：二二）を構成するものと見なし、こうした抵抗の働きを精神という舞台における小さからぬ演者だと考えた。「エス（id）」も「超自我（superego）」もそれぞれの願望をともなって圧力をかけてくるが、自我は知覚や判断、防衛、現実吟味、外的世界からの要求への対応といった作業を通して、内的葛藤を処理していくのである。自我は、圧倒するほどの内的刺激と外的世界が提示してくる不整合で矛盾した観念とから成る相対立した考えを注意深く警戒する。フロイトは「自我は、不安の宿る本来の場所」（ibid. 57= 六〇）であり、それは自我が欲望あるいは「リビドーの一大貯蔵槽である」ためだ（ibid. 63= 一一八）、と主張したのであった。

私たちは、なぜフロイトの精神分析理論は私たちを憂鬱にさせるのか、と常に問い続けている。子ども時代の消えない亡霊に向き合うという理論には、いったい何の意味があるのか。すでに過ぎ去った出来事のために現在を台無しにしていると気づかせるには、どうすれば良いのか。いかなる教育においても、これは重大なジレンマの一つとなる。感情的な生は、なぜこれほどまでに教育の計画、要求、構造と整合しないのか。知りたいという欲望と教育を受ける必要性を主張することで、いかにして精神分析理論は学習に変局をもたらすのだろうか。こうした問いが、私たちにとっての出発点なのである。

五　教授法

精神分析は、生きるための学びから得る意味という地平から、教育にとっての頑強な問いを私たちに突きつけてくる。フロイトは、一般大衆、精神分析家、そして患者に自らの理論を伝えることをきっかけとして、教育と神経症の関係について関心を抱くようになっていった。だが、彼は精神分析について明確な説明を行うことなく、それをどのように伝えられるのか、あるいは伝えるべきなのかについても、最終的な解答を示すことはなかった。これは、研究すればするほど精神の謎は深まるばかりであり、彼の理論がますます不完全なものとなっていったためである。最終的に彼が提唱した教授法は、問答としての教育であった。

フロイト（1925a）は、自伝的研究で自らの学習遍歴を振り返り、それを批判している。最初に治療に対する考え方を提唱した時、彼はそれをブロイアーに倣ってカタルシス法（cathartic method）と名づけた。それは分析家が患者に症状の理由を伝え、説明するという手法であった。フロイトは啓蒙主義的な知識観、すなわち分析家が知識を与えることで患者が洞察を得て、神経症による支配を克服できるという考え方に依拠していた。だがこれでは、患者は受け身的な幼子のような立場に置かれてしまう。患者が分析家の意見に同意した場合でも、それは冷静な理性的判断にもとづく合意ではなく、実際にその知識は知性化ないしは迎合という形となって戻ってくるからである。フロイトは、単に患者の防衛を指摘するだけでは、あるいは何を理解し損ねているのかを伝えるだけでは、治療は必然的に失敗すると指摘した。この失敗の原因は二つある。まず、コミュニケーションという行為そのものが無意識の要求を伝えるので、さらなる反論や反発を助長するように思われること。次に、分析の進め方を真に決定できるのは患者だけだ、ということである。フロイトは患者の抵抗や反論を、患者との接し方や彼らが自らの症状をどう捉えているのかを知るための指針として耳を傾けるようになっていた。それによって初めて、自身のそれまでにおける楽観的なアプローチを反省し、精神分析へと突き進むことができたのである。

フロイトはほどなくして、患者が求めているのは分析家の愛情であることに気づいた。そこで彼は知識の伝達、つまり自分が知っていることを患者に伝えることよりも、分析家と被分析者の関係性に着目するようになった。彼の自伝は精神分析の記録でもあるが、その中に次のような一節がある。「結局、医師と患者のあいだに生起する個人的な情緒的関係こそがカタルシス法の治療よりも強力であって、あらゆる支配や統制を回避する原因なのであった」(1925a, S.E.20: 27＝全集一八：八六)。フロイトが反教育家へと転身したのは、彼が愛や憎しみ、権威の働きを転移の一種とみなすようになったためである。

大学における精神分析について述べた論考からは、フロイトが教育に対して独自の考えを抱いていたことが窺える。本論文は、彼の著作の中でもとりわけ簡明で、しかも学問分野の専攻部門に関する極めて刺激的な論考である。また、彼のカリキュラムに関する提言は、精神分析の独自性をあらためて再確認させるような、創造的な芸術が持つ力を重視するものである。彼は、精神分析は医学や生物学の側からというよりはむしろ、人文科学の立場から教えられるべきだと説き、「精神分析への一般的な入門講習は、他分野を学ぶ学生たちも受講できるようにすべきである」とした（1919b, S.E.17: 173= 全集一六：一〇七）。本論文はその結びとして、一般的な入門講習では精神分析を真に学ぶことはできないという反論に対して、「だが、私たちの意図としては、精神分析について何かを経験し、そこから何かを学ぶだけで十分なのである」（ibid. 173= 一〇七）と結論するのである。この独自の見解は、精神分析の学修に関するフロイトの考え方に徐々に影響を及ぼしていくことになる。当初、彼は患者と同僚に精神分析を伝えることを想定していた。だが、自らの技法から生じる矛盾を解決せずにいられないという彼の性向は変わることがなかったのである。初期の彼は教訓主義的で厳格であり、人はなぜ指導者に従う傾向があるのかと問うことなく、初めのうちは周囲に対してカリキュラムに従うよう要求していた（Makari 2008= 二〇二〇）。しかしながら精神分析における学びは、知識とその受容の円滑なやりとりを常に妨害する。フロイトは、もっとも不完全なものに対して興味を抱き、勇気を振り絞って未知なるものに望みを賭けることで人は学ぶのだ、と信じるようになっていた。人はこれまでにおける自らの学びの歴史を再現しながら学んでいくのである。

　一九二〇年以降、フロイトがエロス、つまり統一への欲動と、タナトス、つまり破壊へと向かう欲動のあいだに生じる葛藤を想定したことで、教育に無数の惨劇がもたらされることになった。この悲観的な趨向は、精神に関する彼の第二局所論に由来している。その内部には、エス、自我、超自我という諸審級として形づくられていった、精神による教育の歴史が刻み込まれているのである。ここでフロイトは、人間の条件というものを、避けることのできない喪失や不幸、不安、空想、防衛といった不可知なものに伏し、葛藤を抱えるものとして措定した。いまや教育にとっての問題は、教育の機関や制度、慣習が人間の破壊傾向に影響を及ぼしうるか否か、ということになる。世界とはどのようなものかということを生徒に伝えることができなければ、教育という大それたことは到底不可能なのだ。

こうした理由すべてにより、学習は終わりのないものとなり、したがって教育という職業は不可能なものとなる（Britzman 2007, 2009）。フロイトは、内的および外的な力の双方により、理性が愛憎や破壊、攻撃といった信じられない困難に直面することを知った。このことは、彼の治療に対する考え方にも劇的な影響を与えることになった。治療はもはや分析家による観念の修正でも、忘却された原因と現在の制約との繋がりを指摘することでもない。精神分析の現場における学習とは、学びに対する抵抗から学ぶことであり、働きかけ愛そうとする欲望に待ったをかける禁止や不安、防衛といった特異な徴候から学ぶことなのだ。脱構築の潮流が教育に影響力を行使している今日にあって、教育は解釈し説明したいという願望と自らが引き起こす新たな問題とのあいだで、果てしなく揺らぎ続けなければならないだろう。フロイトは教育と批評行為とを結びつけることで、構築という作業と心理的な意味を理解するための適時性ということに、より厳密に焦点を合わせ始めるのである。

要するに、私たちはネストロイの有名な一作中人物を模範にして行動しているのである。その人物とは、かの下男のことであって、彼はあらゆる質問や反論に対して唯一つの答えしか持ち合わせていなかった。すなわち「事の成り行きを見れば、すべてがはっきりするんでしょうな」。（1937b, S.E.23: 265＝全集二一：三五二）

ことによると、フロイトが教育に対して投げかけた最大の問題とは、時間に関するものなのかもしれない。私たちは教育の営みにおいて、適時に知って理解するのではなく、理解する前にすでに学んでいるのだとすれば、精神分析は教育の時間を退行や強迫、妄想、幼児期体験の反復といった観点から読み取ることになるだろう。精神分析的時間もまた奇妙なものである。無意識のなかでは、何も消え去ることはなく、それゆえ自我にとっての時間とは、独自の遅延行為や遡及作用、あるいは過去の出来事に現在を上書きし、両者を書き直すという反芻処理（works through）によって進むのだ。こうした遡及作用、ないしは事後性（Nachträglichkeit）は、理解する前に被った体験の衝撃を修正し構築するための手段となる。セクシュアリティにも独自の時間的なずれがある。それは幼児性欲という形で早期に訪れ、潜伏期には姿を消し、思春期から成人期になると戻ってくるのである。

さらに、時間の経過とともに化石が遺されることになる。フロイトによれば、前史というものが存在し、それはあらゆる主体が自身の発達過程において繰り返すことになる神話的な時間である。十九世紀当時の術語を用いていえば、系統発生は個体発生において再現され、それは前史と前エディプス期の闘争の歴史ということになる。人は各々が「無意識（the unconscious）」という謎めいた考古学的遺跡を擁している。フロイトはそれを言葉で表現することで、新たな「構築物（constructions）」にたどり着いた。この構築物は遺跡調査によって築かれ、そこでは——

考古学者が残されたままになっている建物の基礎部分から壁を構築するように、……分析家もまた考古学者と同様に、被分析者の記憶の断片や連想、分析のテーマや対象に対する振る舞いから推論を導き出すのである。分析家、考古学者ともに、遺された残骸を補完したり組み合わせたりして再構築する権利を有しているのである。さらには、多くの困難や間違いの原因に左右されるという点もまた、両者に共通している。考古学者が直面するもっとも厄介な課題の一つに、出土品の相対年代の決定ということがある。たとえば、ある対象が特定の地層の中から現れたとき、その対象は元からその地層に属するものなのか、あるいは後の時代の動乱によってその地層に入り込んだものなのか、その決定がしばしば待たれることがある。……発掘家は、大部分の重要な部分が失われているることが明白な破壊された対象を扱っている、ということは心に留めておかなければならない。（1937b, S.E.23: 259= 全集二一：三四四—三四五）

フロイトの考古学的メタファーの数々は、経験の断片や破壊された知識、粉々に砕けた記憶を表しており、そこには時間の観念がない。構築物は私たちにやり直しの機会を与えるのだ。

六　フロイトの執筆様式

フロイトは幾度にもわたって、精神分析それ自体を解釈しなければならないと述べていた。このルールに則って、彼は執筆と読解の戦略を練り、精神分析技法の発展に関する論考を形づくっていったのである。技法が応用ないしは適用されるべきものとしてではなく、不確かさに耐えるための学習様式となるならば、その技法が目指すのは、哲学者ポール・リクール（Ricoeur, P.）が言語、解釈、省察の危機として示した、苦悩を甘んじて受け入れなければならない事態ということになろう（Ricoeur 1970: 56）。こうした諸々の危機が、フロイトを教え導いたのである。

フロイトのお決まりの執筆方法はといえば、彼の同僚や論敵、患者、そして彼自身による批判や異論を並べ立てるというものであった。時には、批判者の確信を面白おかしく皮肉ることもあった。それは、彼の自伝的研究にも見られる。

私は長年にわたって、また今日においてもなお、精神分析に「好意的（benevolent）」な批判者の声を耳にしている。精神分析は、これこれの点までは正しいが、そこから先になると行き過ぎ、根拠に乏しい一般化を始める、というのだ。しかし私に言わせれば、そのような線引きほど難しいものはないし、また批判者自身ほんの数日前あるいは数週間前まで、精神分析をなに一つ知らなかったりするのだ。(1925a, S.E.20: 50= 全集一八：一一一—一一二)

この問題は、彼の著書がナチスによって焚書の憂き目にあった同年に刊行された『続・精神分析入門講義』でも再度登場している。フロイトは本書の第三十四講で、読者に対して次のように警告している。

もしかしたら皆さんは、精神分析入門なるものから、分析についての明らかな間違いを正すにはどのような議論をすべきなのか、より正確な知識を持ってもらうにはどのような本を推薦すればいいのか、といった示唆を期待されているかもしれません。あるいは自分の読書や経験の中からどのような実例を持ち出して議論を戦わせれば仲間の態度を変えることができるのか、といった示唆さえ期待されているかもしれません。しかし、そうしたことは一切お考えにならないでください。無駄なだけです。……しかし、読者の皆さんは一体なぜ、本を執筆したり、議論を楽しむ人たちが、このようなまちがった態度をとるのか、と疑問に思われるかもしれません。(1933, S.E.22: 136f.= 全集二一：一七九—一八〇)

こうした批判や反論はまた、患者の話を聴くための謎めいた手掛かりとなり、精神分析の手法や理論、深層心理学の治療法に影響を与え、修正する働きを担うのである。批判の理論化とそこから教えを見出すという、このような二重の作用こそが、精神分析の歴史や精神の理論、臨床的介入に関する記述の根幹をなすパラドックスなのだ。もとよりこれは、精神分析について書かれたあらゆる著作についても同様である。サミュエル・ウェーバー（2000）が指摘した問題、つまりフロイトは自らが定式化した記述に囚われていたという点に戻るならば、フロイトに関して著作をしたためる人もまた、同じジレンマを抱えるのである。

精神分析が教育に与える示唆の中でも特に重要なものの一つは、相容れない不整合な観念を拒否あるいは否認するやり方や抵抗というものは、学習と真逆のものというよりはむしろ、猜疑心に満ちた自我の学ぶ姿なのだ、ということである。したがって、私たちの関心はあくまでもフロイトに対する異論や反論を理解し、そこから彼が何を学んだのかを知ることにあるが、ここではまず現代の批判論者たちについて考えてみることにしよう。現代の読者であれば、神経科学や認知科学、精神薬学といった新しい分野の諸科学、あるいはポスト構造主義や脱構築、フェミニズムといった現代の諸理論は、フロイトを凌ぐものだと感じているかもしれない。こうした批判論者たちは、フロイトに対して唯一強烈な批判を介してのみアプローチしたいと考えているかもしれない。だが、よくよく観察してみると、そうした人たちも実はフロイトの強い影響下にあることが分かる。

結局のところ、フロイトは子ども時代の周囲を欺く力や幼児性欲の擬装といった、私たちが捨て去ってしまったものへの好奇心について探求したのだ。ここで強調しておくべき点が二つある。一つは、フロイトの全著作を貫く心の本性や機能、脆弱性についての考察は、批判者たちによる異論や反論との関連において行われているということ。二つ目は、フロイトの執筆様式には、以下に見る二重の作用が含まれているということである。つまり、学習理論として精神分析を根拠づける新たな方法を提唱するにあたり、著作それ自体が依拠したのが、この新しい思考の学問が世に問うた防衛機制だった、ということである。さて、ここで二つの疑問が提示されよう。精神分析そのものも含め、あらゆる知はいかにして精神分析的に解釈されるのだろうか。また、知はそれ自体に付随する感情的な状況をどの程度まで考察できるのだろうか。

七　なぜフロイトを読むのか

なぜ歴史学や哲学、文学、女性学、教育学、神経科学、人類学、表現芸術、クィア理論など、さまざまな分野の著作家たちは、フロイトの著作や彼の世界観を考察し続けるのだろうか。そして特にフロイトが取り組んだテーマと関わって、彼が今なお問題とされ続けているのはなぜなのだろうか。このように問うことは、それなりに意義のあることだろう。もっとも単純な回答は、時として思わぬ厄介な問題を引き起こすことがある。つまり、フロイトは人間が示す興味や関心を人間の欲望によって複雑化してしまったというものだ。だが、そうすることでフロイトの思想は、情動を知識と道徳の源泉として二極化し、ファミリー・ロマンスを通して人が自己同一性を求める欲望に疑問を呈し、遮蔽記憶の中身を読み取り、生に対する破壊衝動を提唱し、自己と他者に関する私たちの理論のなかでもっとも身近で心理的かつ脆弱なものに対して、根本的な再考を迫ることになったのである。人は無意識の生の影響を受けやすい、そう主張することによってフロイトは主観性のイメージを拡張した。主観性とは、私たちが他者との関係や自らの精神のなかに有する、もっとも個性的であり、情熱的かつ激しやすいものなのだ。彼の著作は、この現実離れした無意識の世界を覗き込むレンズとなって、私たちが見ていると思い込んでいるものに疑念を抱かせる。フロイトが表現したのは、遊園地にあるびっくりハウスの鏡のようなものであって、それは私たちが恐れつつも、もっとも見たがっているものを映し出してくれる鏡なのかもしれない。

精神分析の柔軟性と人間に備わる疑う能力ゆえに、私たちは真意とは逆のことを言ってしまったとき、フロイトの機知を引き合いに出すことで、なお一層そのおかしさに気づくことがあるかもしれない。私たちは、決して忘れないと誓ったことを忘れ、まったく予期せぬ時に本心が噴き出してしまうことを心配するが、フロイトは私たちに記憶が苦しみの生じる場所、ないしはそれを覆い隠すものであることを気づかせてくれるのである。私たちは、自分が知る以上のものが心の中にあり、精神はそれを読み取ってほしいと願っている、という考えを嫌うかもしれない。フロイトは、意識こそ例外的な存在であり、自我は自己の全体などではなく、無意識は頼まれずとも、また目的など無かろうとも、自らの身体について認識されていない事柄——攻撃性、欲動、空想、夢、欲望、願望、そしてセクシュアリティ――を暴露する、という考えを紹介した。ところが、まさにこれが理由で、しばしばフロイトは現代科学によってその誤りが証明された歴史上の人物として、不適切ないしは単純化された形で紹介されるのである。

フロイトの研究領域は広範に及ぶため、彼自身と彼の研究とを、また今日におけるフロイトの用いられ方とフロイト自身とを区別することはほとんど不可能である。私たちは夜毎に見る戯る夢について話し合い、それに何か他の意味があるのだろうか、何か隠された意味でもあるのか、これらの夢を託宣や予知として理解すべきなのか、それとも抑圧あるいは禁止された願望の再帰的な出来事として理解すべきなのか、といぶかしむ。私たちは、性行為とはかけ離れた場所に、セクシュアリティの残滓を見出す。フロイト流の言い間違いや私たちのしくじり行為を、そしてセクシュアリティが性的に下品な意味を持つ両義的な言葉であることを知って笑い、人類の神経症的な現状に始終驚き、自分自身のパラノイアや強迫観念、退行、精神病さえも他人の中に見出す。さらに私たちは、セクシュアリティの問題について、疑問に感じることが多くある。性に関することは、どこまで表現して良いものなのか。教育には、性の残滓が含まれているのだろうか。性を禁ずると、かえって性が蓄積し、崩れ、高まってしまうのはなぜだろうか。さらに、私たちは「デジャヴ（*déjà vu*）」と呼ばれる不気味な体験をし、それについて話す。フロイト的なイメージは私たちの思考の隅々にまで入り込んでおり、症状に意味があると気づかせてくれたフロイトに感謝すべきである。ナンセンスなものの中にさえ、何らかの真実がある。フロイトの世界では、詩的に語ることを認める詩的許容は、いまやその正当な理由により詩的正義となる。

だが、私たちの時代においては、通俗的な言説の中にフロイト流の考え方が入り込んでいくにつれ、彼の仕事はますます理解されなくなってきている。フロイトが実際に考えていたことを知るべく、彼の著作に立ち返ってみようという必要性を感じないがゆえに、また、なぜ精神分析は愛憎の問題を追究するのか、なにゆえ精神分析は教育の問題と深く関連するのか、といった問いは無視しても構わないという感覚があるがゆえに、こうした都合の悪い批判や反論は無視されてしまうのである。そうした感覚や信条は、幼少期の愛情を求める願望や愛を失うことへの恐れにとても近い、というのがフロイトの主張するもっとも強烈かつ悲劇的な主張の一つであった。愛とその喪失の問題が意味するところは、結局のところ、教育の本質にもっとも深く関わる難問なのである。

八　私たちの教育

最後にまとめとして、フロイト以後における教育の可能性という問題について考えることにしたい。教育はどのように生じ、また私たちがそれを必要とするのはなぜか。フロイトは教育の原動力を精神の詩的な振る舞いのなかに位置づけることで、教育という営みを新たに語りなおした。その新たな語りは、願望や欲望の葛藤、分裂した精神を形づくる快原理と現実原理の闘争、他者とのリビドー的関係、幼少期や生い立ち、そしてファミリー・ロマンス幻想が影響を及ぼす範囲、愛憎の好ましからぬ性質や様式、エディプス・コンプレックス、転移、そして教育と精神分析という「不可能な職業（impossible professions）」を学ぶ行為、といった文脈において語られるものである（Britzman 2009）。こうした愛の情景のすべてにおいて、教育に不安が蔓延しているという事実や、なぜ指示を与え従わせることが目指されるのかという問題、授業を行い落第させることにサディスティックな快感を覚えるのはなぜか、といった問題が見出されるのである。人によっては、こうした教育問題の解決を、感情的な生の不安や愛憎の問題、また両価性といった問題と一緒くたに結びつけてしまうのはやり過ぎだと思われることだろう。さらに驚くことには、教育を願望充足の裏側にまで拡張して、罪責感と罰を受けたい欲求という観点から解釈するものもあるほどだ。

フロイトは教育の核心に、まったく新しい、しかも驚くほど古い何かをもたらした。後ほど見ていくように、教育とは単に教師と生徒のやり取りやカリキュラムの伝達、教授法の習得とその実践以上のものである。フロイト以降においては、教育はそれ独自の心理学によって考察されるのが最善であるがゆえに、新たな疑問も提起されることになる。フロイトの考えにもとづけば、愛情と教育の混成物が人生を開始させることになるが、それは乱暴な教育（wild education）という形をとることになる。身体と密接に関わる心のあり様を描き出し、治療法、人間性の葛藤理論、社会生活の分析手法として編み出されたフロイトの精神分析は、戦争や芸術、集団心理、宗教、教育といった人間が創りだした事象を理解する作業に、前代未聞の豊かさをもたらした。さらに私たちは、彼の理論を用いることで、成功と失敗が生み出す神経症についてより深く理解できるようになるだろう。

また、その神経症が倫理や道徳、そして愛憎という形をとって表現される残虐性や攻撃性、暴力性へといかにして変貌していくのか、ということについても深く理解できるようになるだろう。学びへの驚嘆から、フロイトは驚くべき学習理論を生み出したのである。

フロイトは、人間の精神の構造や計画に現実的なものを見ていた。彼は不信や懐疑について分析したが、偽りの信念や確からしさの感覚についても分析した。今日、フロイトが精神分析の輪郭を描き出そうとした最後の壮大な試みとして知られる論稿において、彼は第一章を知の限界を論じることから始めている。

心的なもの（あるいは心的な生）と呼ばれるもののうち、私たちが知っているのは、二種類である。一つは、心的なものに関わる身体器官と舞台、そして脳（神経系）であり、もう一つは私たちの意識活動である。後者は、直接的に与えられており、どう記述したところで、説明し尽くせるものではない。この二系列のあいだに存在するものは、私たちにとってすべて未知であり、これら二系列の終端同士の直接的な関係について、私たちは何ら情報を与えられていないのである。（1940a, S.E.23: 144＝全集二二：一七九）

私たちは自分たちの知識が不完全であることを知っている。なぜなら心的な生の中では、知とはまったく異なる何かが危機に瀕しているためだ。知りたい、知りたくないという動機や理由からこれまでの学習の履歴に関する何らかのストーリーが判明するだけでなく、私たちの愛憎のあり様も浮かび上がってくる。それと同時に見いだされるのは、知ろうとする行為がすでに私たちの自己疎外を示しているということだ。先に引用した精神分析の最後の入門書において、フロイトは自らの理論がもたらす感触について短く次のように述べている。「前提条件として、注意を払い信じ込ませることを聴衆に要求し、それらに対する情報をほとんど与えないでおく。しかし、そうなれば批判的な聞き手は首を横に振り、これはすべて特殊なしろものだ、いったいどこからそれが判ったっていうんだ、と言うだろうことは覚悟しておかなければならない」(1940b, S.E.23: 281＝全集二二：二五四)。

そこで、次のような理論を想像してみてほしい。その理論の考案者自身に影響を与え、理論自体の蒙昧さや誤謬、妥当性をつまびらかにするような理論、そして転移という情緒的な結びつきなしには本当に知ることはできないことがあると主張して憚らないような理論である。また、こんな手法を想像してみてほしい。理論と実践の食い違いから方法の手がかりを掴み、自由連想と自由な語りを許容するナラティブの反乱を奨励するような手法。解釈の大胆さについても想像してみてほしい。それから、どう考えても許容されそうにないものまでもが容認され、それが教育を欲望する人間の条件とみなされるとすれば、何が起こるか想像してみてほしい。さらに、教育が私たちの計画や目的、基準とはまったくかけ離れたものになったとしたらどうだろうか。もし、教育が個人と集団の心理を扱い、それらに巻き込まれていくのだとすれば、それは人間の自己というものが知覚、判断、願望のうちに分断され、他者による影響を受けた結果であるからだ。このように内側へと視線を向けることによって、私たちは目を見張るような問題――すなわち、それらはまず初めに障害として経験され、次いで抵抗や反論となり、さらに精神分析と教育双方の脆弱点となって、新たな学びへと向かわせる構築物となる――に直面することになるのである。

第三章　転移性の愛、あるいはマニュアル化の回避

じゅうぶんな教育を受けた素人氏――というのも、そうした人物こそが精神分析を理解してもらうに、おそらく理想的な文明人だからであるが――にとっては、愛はけた外れで他の何ものにも代えがたいものである。それはいわば、それ以外の記述をいっさい許さない特別なページに書かれるべき出来事である。

ジークムント・フロイト「転移性恋愛についての見解」

（1915b, S.E.12: 160＝全集一三：三一〇）

一　愛

精神分析の技法について書かれたフロイトの論文の一つ（1915b）において、愛に関する記述に

出くわすというのは奇妙な感じがするかもしれない。何といっても専門家は、実行すべきことの指示や望ましい結果を得るためのテクニック、そしてそれらによって得られた結論の論理的な一貫性を保証するといった仕方で自らの実践を語るものである。通常そうした方法は、詩人の語りや突飛な空想、そして分析治療において生起する愛や、愛を体現したいという分析家の誘惑の両方から、一線を画している。フロイトは、愛というけた外れで比類なきものを実践の中核に位置づけた。このことにより、そうした愛がどのようにして燃え上がり、そしてしぼむのか、さらには専門家たちにとってマニュアルが理想化された対象となる理由について理解するための手がかりが与えられたのである。

通常、マニュアルはセキュリティ・ブランケットのような安心を与えてくれるお守りとして受け取られることが多い。マニュアルに従っていれば、思いつきで誤った行動をしてしまう過ちから守られる気がして安心できる。無力さや経験不足といった絶望的状況や、間違いを犯すことへの恐怖、そして解決不能な問題を扱う分野で働く際に感じる決まり悪さを、一撃で吹き飛ばしてくれる魔法のようにイメージされることすらあるかもしれない。フロイトによれば、マニュアルを求める願望は精神分析における主題となる。また、職業上の症状や不安、状況を統御する力を失うことへの防衛といった観点から見た教育上の危機についても、マニュアルは一つのストーリーを語ってくれる。こうして実践の技法も精神分析における知の対象になり、ひいては愛の痕跡が技法にどのような影響を与えるかということについての分析へとつながっていくのである。

第二章では、フロイトの教育論にアプローチするにあたり、いかにして彼が精神分析に対する異論や反論（objections）を新たな精神分析的対象や対象関係をつくり上げるための手段へと変えていったのかについて検討した。本章では、精神分析の習熟を目指す欲望が、なぜ精神分析に対する異論や反論となりうるのかについて考えることにしたい。なにゆえ習熟を目指す欲望は、主観性の諸特性を形づくり、関係を維持するための間主観的な条件である原初的な寄る辺なさに逆らって、反論や抵抗へと変質するのだろうか。さらに私たちは、いかにして知の対象が精神分析に対する障害として回帰してくるのか、明らかにしていくことにする。私たちは引き続き、フロイトが認識論的かつ存在論的な障害をどのように扱っていたかに焦点を当てていくが、今度は精神分析運動の内部から、そして分析家の教育問題という観点からそれらを考えることにしたい。精神分析を学ぶということは、それ特有のジレンマを体験することだと思われているが、分析家が暗黙のうちに抱いている難問を探求することで、それが教師の抱える問題とさほど異なるものではないということが分かるだろう。教師もまた、他者と出会い、教育的に働きかけるという仕事を理解しようとするのであれば、自分自身の主観性と対峙しなければならないのである。

フロイトの技法論（1911–1915）は、マニュアルを求める強い声への応答として書かれた。これは、技法の学習を情動体験として描くという挑戦的な試みであった。それにより、転移や抵抗、さらには愛といった精神分析の知の対象——これらはすべて異論や反論が不整合かつ矛盾した諸表象へと形を変えたものであるが——は臨床の場面における精神分析の障害となったのである。ここでフロイトは、教育という名のもとに二つの問題を抱えることになった。一つ目は、精神分析から学ぶなかで、いかにして人は精神分析家となるのかという問題である。ここで問わねばならないのは、いかなる種類の学習が問題となっているのか、ということである。もう一つは、仮に主体の理論が無意識や空想、そして快原理を特別に認めるとして、これらの力は精神分析の技法にどう影響を与えるのか、という問題である。言い換えれば、精神分析の学びを抑制したり、駆り立てたりするのは一体何なのかという問いだ。

マニュアルを求める専門家の心理を分析するにあたり、彼らが抱いている希望や願望、恐れを理解するための手がかりとして、フロイトの愛に関する言説が役に立つだろう。この愛についての言説は、もともと自我の構造に関するフロイトの思索から生まれたものである。マニュアルという合理化機制から読み取れるのは、マニュアルが一つのことしか伝えられず、しかも、それによって解消されるのは専門家が抱く確信の無さでしかないということだ。しかし、問題はマニュアルが存在すべきか否かということではない。むしろ精神分析は、私たちが自らの転移を知識へと翻訳し、寄る辺なさのダイナミクスを探求することを求めているのだ。そこで私たちは、技法論の数年前に書かれた愛に関するフロイトの初期の言説から出発することにしよう。そしてそれらを、精神分析のマニュアルの執筆を求める声へとつなげて考えていくことにしたい。

二　ナルシシズム

フロイトは愛を偏りなく描こうとし、それを精神分析的な知の対象とするべく、対象関係の一種として表現した。しかし、そうすればするほどこの愛の理論が人々のあいだに不信と困惑をもたらすことも理解していた。フロイトの考える愛は、つかみどころがなく理解するのに骨が折れるものだったのである。対象に対して情熱的な愛情を抱き、それらに同一化して取り込むことは、リビドーを概念や人々、目的、職業、信念、言葉などといった外部に向け替えるのに役立つだけであるという主張は、おそらく受け入れられよう。また、愛を失うと主体は崩れ去るという主張や、愛はそれ自体で権威となり得るということも良く知られている。多くの人々にとって受け入れがたいのは、彼のセクシュアリティに関する理論であった。彼はセクシュアリティと愛を同義で用い、『性理論のための三篇』（1905c）において、私たちの本性が愛することであるとすれば、そこにはどこかその本性に反するところがある、と主張するに至ったのである。

愛（love）という語は、その意味するところを無視して振る舞う。愛はその対極の意味である、対象への憎悪へとたやすく転じる。心理学の基本原理としてのこうした愛情の移ろいやすさを考慮に入れると、愛するということに関するもっとも根源的なことが理解しづらくなる。このことは、愛という視点から見たとき、邪魔なものは目に入らず受け入れることとすらしない、とフロイトが主張した一つの理由かもしれない。そうした愛の残忍さあるいは専心を、フロイト（1914b）はナルシシズム（narcissism）という語に込めた。対象に備給されるリビドーはその方向をそらされ、心奪われてしまった自我は判断や認識が困難となり、対象を過大に評価するようになる。また、不整合で相容れない観念を拒絶し、完全なる一体化を求める欲望に身を捧げるようになる。愛、すなわちエロスとは、とてつもない結合力なのだ。それは、愛の喪失に対する人間の傷つきやすさもまた意味している。

この喪失という問題に関して、フロイトは自らのメタサイコロジーの完結として、「喪とメランコリー」という優れた論文を残している。本論文では、愛の喪失はすべての愛が行きつく避けがたい極限地であるということ、そして喪の仕事（work of mourning）とは、対象喪失のもとで苦痛に満ちた指示を実行させることである、と述べられている。しかしながらメランコリーにおいては、対象は放棄されることなく、自我と同一化し取り入れられ、ついで自我は自らを非難することになる。自我は、対象と自我の二重の喪失という苦痛をともなう結果とともに、失われし関係を内在化するのだ。以下は、もっとも頻繁に引用されるフロイトの一文である。

> かくして対象の影が自我の上に落ち、いまや自我はあたかも一つの対象、すなわち見捨てられた対象であるかのように、ある特別な審級によって審判されうるものとなるだろう。こうして、対象喪失は自我喪失へと転換され、自我とその愛する者のあいだの葛藤は、自我批判と同一化による変容

を被った自我とのあいだの内的葛藤へと転換されたのだ。(1917c, S.E.14: 249= 全集一四：二八一)

この批判する「特別な審級(special agency)」は、後に彼の第二局所論において超自我と命名されることになるが、ここではまだ自己非難や自己批判といったメランコリックな特徴を持ち、罪責感や被罰要求の貯蔵庫として機能するものとされている。

フロイトの考えによれば、愛の欲動は、出生やセクシュアリティ、そして一次的ナルシシズムに由来するという。愛、すなわち愛されることや愛し合うこと、そして愛することは、自我の支配する領域を拡大しようとする行為である。そこには、愛の苛烈さに対する備えもないし、愛が失われたときの苦しみから身を守るものもない。フロイトは「ナルシシズムの導入にむけて」という論文のなかで、人間の性的生活や「赤ん坊陛下(His Majesty the Baby)」(1914b, S.E.14: 91= 全集一三：一三九)と彼が名づけた、両親による子どもの過大評価といったものから、この問題を探究している。フロイトは次のように述べる。「あの胸をうつ、だがつまるところかくも子どもじみた親の愛情というものは、彼らのナルシシズムが再帰したものにほかならず、それは対象愛へと姿を変えながらも、おのれのかつての本質を見紛う余地なく露わにするのである」(ibid. 91= 一三九)。この論文はまた、自我理想や理想化といった他の種類の変容形態についても言及している。「理想化とは、対象(object)に関わる過程であり、この過程を通じて対象はその本性を変えることなく肥大化し、心的に高められる。」(ibid. 94= 一四二)。ナルシシズムが、理想化に向かう自我の傾向を確かなものとするのだ。後にフロイト（1926a）が不安の研究に着手した際には、理想化は愛の喪失に対する自我の防衛機制とみなされることとなった。

起源も含め、その由来について激しい議論が戦わされてきたにもかかわらず、ナルシシズム（narsiccism）という語は、しばしば他人を侮辱する言葉として使われ、自己肥大や自己耽溺と同一視されてきた。自己愛はうつろいやすいものだという考えすら、ほとんど歓迎されることはない。もしナルシシズムがそのような意味ではないのだとしたら、自己愛という愛の形はどうしてそこまで嫌われるのだろうか。フロイトが精神分析における知の対象として構築したナルシシズムは、複雑で矛盾に満ちており、明確に把握しづらい悪評高い概念であった。今日では、「自己イメージ（self image）」あるいは「自尊心（self esteem）」という問題が、同じ困難を受け継いでいる。フロイトは、概念を脆弱な構造物、あるいは心理を構成する一つの断片として扱え、と説いた。私たちもこのもっとも柔軟なルールに従って探究を進めることにしよう。

フロイトの主張によれば、私たちが最初に出会う愛の対象は母親の愛である。それは愛の原型であると同時に、私たち自身の自己イメージの原型でもある。この始まりはもっとも強烈な印象を与え、後々まで根強く影響を残し、欲求の満足と愛とをつなぐ最初の等式をもたらす。無意識はこの古いレコード、すなわち満足と愛とをつなぐ最初の等式を再生し続ける。だが、それは同時に時間というレコード上についた傷をもってしても、その最大音量を弱めることはできないということでもある。とはいえ、何かしら子どもじみた愛の仕事の力や魅力、そしてそれらがもたらしてくれるものについて考えることは、えてしてナルシシズムを吹き飛ばしてくれると感じられがちである。またそれらは、個人の成熟や性的対象の選択、自律や昇華、そして利他的な放棄とでもいうべき無私性を、いくらか減じるものとしてとらえられることも多い。だがそこには、フロイトが愛という概念によって何をしようとしていたかということを考察するための、さらにもう一つの方法がある。それは、私たちの最早期の愛の経験が人格形成においてもっとも重要であり、それこそが私たちを心の理（psychology）へと駆り立てるという、彼の基本的な考え方と関連している。古い経験は必然的に拡張され、移し替えられ、置き換えられて、新しいものへと書き換えられていく。そのような拡張が自己に敵対し、破壊的になったときこそ、まさしく精神分析の出番なのだ。論文「ナルシシズムの導入にむけて」で彼が述べているのは、愛を避けることはできないということだ。「私たちは強いエゴイズムによって病の発症から身を守る。だが止むをえずして、私たちは病に陥らないために愛することを始めなければならないことがある。そして葛藤の結果、愛することができないとき、私たちは病に陥ってしまうのだ」（1914b, S.E.14: 85= 全集一三：一三一）。

フロイトは、生の欲動をセクシュアリティとして、また快原理に属するものとして、生の欲動そのものによってかきたてられるものとみなしていた。愛の営みに関する三本の論文は、この点について論じたものであり、いずれの論文にも「性愛生活の心理学への寄与」という副題が付けられている。

これら初期の論文は、一九一〇年から一九一七年にかけて書かれたもので、そこでは心理的な性機能不全や愛情の劣化、さらには処女性に関する普遍的タブーといった問題が取り上げられている。一つ目の論文の冒頭では、以下のような詩人に対する賛辞が記されている。「人間はどのような『愛の必要条件』に従って対象選択を行うのか。自分の空想が要求するものをどのようにして現実と調和させるのか。これを思い描くのを、従来、私たちは詩人に任せてきた」(1910b, S.E.11: 165=全集一一：二四五)。そのうえで、これらの論文は、空想を現実に調和させたいという欲望がかくも儚いのはなぜなのか、なぜ愛はつねに不調和——たとえば、対象喪失や社会的タブー、性的不能、そして観念を含むあらゆるものへの敵意といった形をとる不調和——によって脅かされるのか、といった問いに取り組んでいるのである。

三　技法についての論文

フロイトは、愛の心理学について思弁的な議論を積み重ねてきた。本来の愛の形とは程遠い、人生のより早期における愛の形をさまざまな状況下で反復強迫するという考えは、一九一一年から一九一五年にかけて、彼が精神分析の技法について論じた際にも念頭にあったに違いない。専門家の実践における技法上の問題は、一般的にはセクシュアリティの領域で扱われることも、愛の心理学に依拠した学びの問題としてみなされることもない。にもかかわらず、実践において役に立つのは主観性の働きや個人的経験を当てにすることだとするならば、技法上の問題は最終的に、専門家として一線を越えてしまうこと（boundary violations）[17] や詐欺的なごまかし、そして分析家による権力の悪用に対する危惧といったものに転じていくことになる。フロイトが精神分析の技法を論じる際にとった方法とは、彼をして愛の反復という「壊れたレコード（broken records）」に没頭させるものだったのである。

これらの論文はいずれも、愛情の移ろいやすさや一貫性のなさについて考えるための提言のような体裁を取っている。彼の念頭にあったのは、分析家と患者のあいだにおける対象愛であった。フロイトはこの特殊な形態の愛を「転移神経症（transference neurosis）」と名づけ、それを「一種の人工的な病気（an artificial illness）」とみなした（1914c, S.E.12: 154= 全集一三：三〇五）。彼の考えによると、その愛は精神分析の治療によって引き起こされる病気であり、それはまた治療そのものによって打ち壊され、反芻処理（work through）されなければならないものでもある。そうでないと、精神分析そのものがメランコリーに陥ってしまう。この精神分析が生み出す病は、分析家と患者の双方に影響を与え、またそこで生起する愛は、たとえば要求であったり、治療への抵抗であったり、さらには分析家のナルシシズムや転移など、さまざまな形をとって現れることになる。さらに言えば、病を治そうとする治療が逆に病を生むというこのジレンマは、なぜフロイトが愛と教育上の諸問題を結びつけたのかを理解するための手段となる。つまり、彼の技法論は精神分析という新しい治療法を実践する人たちに向けた助言であると同時に、それを伝えることの難しさについて述べようとしたものでもあるので、必然的に学びに対する抵抗についての注釈を含まざるを得なかったのだ。これら精神分析技法に関する初期の論考は、愛の心理学に関する諸論稿と同時期に書かれている。これらが一つにまとめられ、彼のメタサイコロジーにおける先駆的な業績となったのである。

技法論は、精神分析における本来的な意味での創始の書として読むことができる。もともとフロイトは、技法について十二の論文を執筆する計画だったが、実際に書かれたのは六本だけだった。夢の解釈に関するものが一つ、転移に関するものが二つ、技法上のルールについて書かれたものが一つ、治療の開始に関するものが一つ、そして抵抗と学習のダイナミクスについて扱ったものが一つである。当初、フロイトが想定していた読者は内科医であったが、実際には精神分析に携わっていたソーシャルワークや教育、看護学校といった領域の人々や、組織に属さない作家や芸術家、そして政治活動家といった素人分析家たちもフロイトの読者であった（Appignanesi and Forrester 1992; Young-Bruehl and Dunbar 2009）。

これら初期の論文は、いまだ精神分析の中心部分を占める重要性を持っていることは確かだが、フロイトが技法に関して言及した最初のものでも最後のものでもなかった。一九一〇年に書かれた論文「『乱暴な』精神分析について」は、技法論として分類されてはいないものの、精神分析を学ばずに始めようとしている人たちへの警告の書として書かれたものである。本論文では、国際精神分析協会の設立が告知されているとともに、精神分析の学習に伴う困難性について簡潔に次のようなことが述べられている。「この技法は、本を読みさえすれば習得できるようなものではなく、また間違いなく多くの時間や労力、さらには栄達を犠牲にすることなしに独力で理解できるものでもない。……すでにそれに熟達している人たちのもとで修得するものなのだ」(1910c, S.E.11: 226＝全集一一：二四一―二四二)。初期の概説論文である「精神分析運動の歴史のために」(1914a)では、フロイトは紛れもなく自身が精神分析の考案者であることにこだわり、かつてこの運動の同志であった敵対者たちに決別を告げている。さらに、彼の連続講義のうちの二つ、『精神分析入門講義』(1916-1917, 1917b)と一九三三年の『続・精神分析入門講義』においても、各章において技法に関する重要な議論が展開されている。また、技法上の問題に関する考察は「分析技法の前史に向けて」(1920b)や「精神分析初歩教程」(1940b)においても見られる。それだけでなく、意外なことではあるが、思弁的な論考である『快原理の彼岸』(1920a)や「否定」(1925b)といった論文においても、方法論に関する記述がみられるのである。なお、この論文「否定」において、フロイトは自由連想と、「否(no)」と言えない無意識を自由に解釈する際に見られる両者のあいだの葛藤や対立の問題に立ち返っている。

技法に関する言及は、一九三七年の論文においても、二箇所ほど再度登場している。論文「終わりのある分析と終わりのない分析」では、分析はいつ終了するのかという問題が扱われており、また論文「分析における構築」では、忘却された患者の過去の断片に基づいて推論する際のジレンマに焦点を当て、これを歴史的真理の構築という問題と結びつけている。フロイトの死後に刊行された、彼の最後にして未完の論文となった「精神分析概説」(1940a)では、治療における実践の問題に再度立ち返っている。こうした最晩年の論考は、もはや比較的歴史の浅い精神分析に向けて書かれたものでも、また精神分析を創始したばかりの若きフロイトによって書かれたものでもなかったが、彼が技法を論じる際のアプローチは一貫していた。彼は最後まで、臨床場面において心的現実を概念化することの困難性を、技法の問題と結びつけて考えたのである。フロイトは、精神分析の実践における関係論的な特質を強調した。そして読者に対し、偏見のない柔軟な態度を保つよう求めた。誤りや間違いがあっても、それらは探求の糧とみなされるべきものだったのである。

フロイトの技法論のすべてに認められる基本的な問題や困難性は、彼の臨床経験から集められたものであった。一方で、そうした問題や困難性は、同僚たちとのあいだで起きた論争や、愛に関する精神分析的な主張に対する一般市民の憂慮や戸惑いにも認められる。一九一一年から一九一五年にかけて書かれた初期の論文は、別のかたちである種の予測を立てている。彼の理論が提起しているものの多くは、エネルギーに満ちたリビドー（libido）という概念に基礎をおいていると思われる。本来、リビドーとはラテン語で「願望（wish）」や「欲望（desire）」を意味するものであり、性的欲動が変形したものを指していた。フロイトが技法論において、花開き解放されるリビドーについて検討したのは、どのようにして精神分析の理論が分析家や患者、そして彼らの関係性や治療そのものから影響を受け、また影響を与えるかを問うためであった。ここで再び、彼は実践と理論に対する異論や反論に直面することになり、抵抗を精神分析における知の対象として、またその理論と実践を修正する手段として利用するのである。抵抗はさまざまな形態をとって現れる、とフロイトは忠告している。精神分析の治療では、それは転移性の愛（transference-love）という形をとることになろう。

技法論は、分析家に対する精神分析の教育という問題を扱っており、分析家になるための学びには時間がかかり、失敗にさらされ、実践の不条理さもつきまとうという実情に関して本質的な議論を展開している。これらは、精神分析の方法や理論への感情的かつ知的な抵抗が予測され、しかもそこで発生した葛藤が理論を構成する一部となるとき、いかにして精神分析は伝達されうるのか、という問題でもあった。一見すると、伝達とはフロイトの技法をどう伝えるかという問題だともいえるが、彼が患者との治療体験から学んだことは、従うべき指示や理想化された権威をともなった指令、あるいは暗示として技法を提示してしまうと、精神分析そのものを裏切ることになってしまうということだった。患者を、自分の思い描くようなイメージに落としこもうとするなら、治療者は親としての役割をつとめるだけとなり、自身のナルシシズムは保持されたままとなる。ギリシャ語のテクネー（*Techne*）という語なら、このジレンマをより良く伝えられるかもしれない。精神分析のわざ（arts and crafts）は、分析における繊細な関係性のなかにのみ見出されうる。この徐々に展開していくジレンマこそが、分析の仕事を導き、それを吟味することを可能にするのである。

技法論によって、フロイトは精神分析の内奥へと向かっていった。そして前章でも述べたように、確からしさと権威を求める声を批判する手段としての技法の輪郭を、徐々に明らかにしていくことになる。驚くべきことに、フロイトは愛をして、自我を目覚めさせると同時に、自我に対する敵意を引き起こすものとして想定し、それによって愛のこのパラドックスが技法の問題と絡み合うことになった。これらが根本的な問題となるのは、学びが必然的に権威や知識、そして愛のやりとりを含むからである。このやりとりにおいて、患者は自身の抱いていた古い考えや観念を反芻処理し、全能感という防衛機制を手放すことになる。以上のことは、そうした考えや観念が人の概念世界やリビドー世界に影響を与える作業と向き合うことによって為されるのである。ある意味で、学習それ自体は喪の仕事をモデルとしていると言えるかもしれない。つまり、新しくて経験に裏打ちされていないものを取り入れる勇気をもって、古い知識を手放すというわけだ。しかしながらそれは同時に、学びにはある程度の苦痛が伴うということ、そして学びが抑うつ的な感情のもつれや理想化、自己の呵責の影響下にあることを意味する。感情的状況においてみられるように、学習者は無意識のうちに、自らの愛の原体験からの呼びかけに応える。すなわち、人は愛情を求めるために学び、愛を失うことへの怖れゆえに学び、罪の意識や罰を受けたいという欲求により学ぶのである。とりわけ失敗と成功の両方を経験する際に自己批判的な態度でいると、学習者は抑うつ的な嘆きにふけることになる。仮に学びを、心理的な意味（psychological significance）を構築するという観点から考えることが可能だとすれば、私たちは、なぜ学びが無意識のうちに満足や愛、失望や被罰欲求といった幼少期の場面と同等視されるのかということを検討することができる。フロイトは、精神分析の技法を愛の問題と結びつけたが、それにより学びにおける無意識が持つ魅惑的な力を考察できるようになったのだ。

ここで私たちは、これら初期の技法論を、分析家教育における教授学的な問題に関する注釈として扱うことにしよう。それは同時に、精神分析の領域において生起する無意識の抵抗に関する注解であり、より一般的に言えば、乳幼児期とその依存性、寄る辺なさ、そして愛の要求から生じ、それらの影響を被ったものとして教育を考えるための端緒でもある。これらの忘れ去られてしまった場面においては、教育は単に、世話をされ、撫でられ、愛されることによって生の息吹を与えられた他者からの影響を感受することを意味している。これが、私たちの述べるところの乱暴な教育（wild education）なのである。こうした体験が与える印象や痕跡は、学習のスタイルや愛着のあり方、抵抗の仕方や過去の出来事の再来に対する期待のなかへと残っていく。それらは、愛の心理学における交通結節点のような役割をもつ。私は、フロイトの教育に対するアプローチの手法は、彼が教育の考古学を構築しようとし、教育における感情がどこに向かおうとしているのかを問うことから生まれたのだと指摘したい。その意味で、フロイトの教育の論じ方は、セクシュアリティの意味や力、そしてその迂回や運動の論じ方と酷似しているのである。

精神分析は、意識が及ぶ範囲を超えて教育を拡張し、空想を形づくっている構成物や欲動、そして無意識といったものが、教育と戯れ演じる影絵のような芝居を入念につくりあげる。フロイトは教育関係のなかに強迫性を帯びた転移、つまり愛を求めて学ぶという幼少期の様式が繰り返し現れることを観察した。その苛烈な力は、忘れられた子ども時代の空想や欲望、愛情や権威に対する無意識的な要求、そしてエディプス的な対立関係などの回帰によってもたらされるのである。実際、学習を、知識と愛の起源や不安といった幼少期に形づくられた理論や理屈の力が働く場として、かつ、そうしたものと対立するものとして捉えることで、学びに対する最適なアプローチは可能になるのだ。
この幼少期の過去はどのような声で私たちに語りかけてくるのだろうか。それは、囁くような声で忘れられた出来事が持つ力を運んでくるのだ。ここで、フロイトが六編目の技法論「想起、反復、反芻処理」で提示した、いくつかの事例を見てみることにしよう。

例を挙げよう。たとえば、患者は「想い出されるのは、むかし私が、両親の権威に対して反抗と不信をかこっていたことです」などと語るのではなく、代わりに、それに類した振る舞いを医者に対して見せる。幼児期における性の探求において訳がわからず途方にくれていたことを想い出すのではなく、混乱した夢や想い出を山ほど持ち出してきて、自分には何ひとつうまくいかないと嘆き、どんな企ても最後までやり遂げられないことが自分の定めなのだと言い募る。あるいは、むかし、何らかの性行動をしていたのをいたく恥ずかしく思っていて、それが発覚するのではないかとびくびくしていたことを想い出すのではなく、今受けるはめになったこの治療を恥ずかしく思っていることを態度に表し、この治療のことを皆に隠しておこうとする、等々といった具合である。(1914c, S.E.12: 150= 全集一三：二九九)

フロイトはこうしたぼやきや不平のなかから、愛に対して失望した患者の過去を、分析へと向かう通過ビザのようなものとして聴き取るのだ。

分析家の資格について論じた箇所では、フロイトは精神分析の枠組みを明示しつつ、燃え上がりやすい転移について分析家たちに警告を発している。それはたとえば、治療における自らの誤りや、今や対立しあう見解を抱くに至った精神分析運動内部の危機、そして精神分析という生まれて間もない分野につきものの傲慢さなどが彼の念頭にあったからだろう（Makari 2008＝二〇一〇）。分析の仕事の複雑さという観点から、フロイトは治療の開始にあたり、分析家は技法が果たす働きとそれが犯すかもしれない失敗という両方の視点から技法をとらえるべきだと提起している。

弁明しておくが、これらの規則は、ほかでもない、通常の治療計画との関係で重要な意義を持つことになるものなのである。しかし私としては、これらの規則を「推奨すべきこと（recommendations）」とでも称し、それらを無条件に受け入れるよう主張しないほうが良いと思っている。問題となる心的状況の驚くばかりの多様さ、あらゆる心的過程にみられる可塑性、決定に関わる要因の膨大さ、こうしたことのために、技法のほうも、どうしても機械的になることができず、普段なら正しいはずの処置がときに無効となったり、通常であれば間違っているはずの処置がときに的を射ていたりといったことがよく起こるからである。（1913a, S.E.12: 123＝全集一三：二四一）

技法の習得、あるいは習得したという思い込みについてはさておき、あらゆる技法はそれが暗に意図するものと転移の問題につながっていくという点について考えを深めてみよう。誤りを犯すことは学びの王道であり、倫理的にいえば、技法を論じる際はいつでも、それらがどこから生じたのかという背景の問題に触れる必要がある。

躊躇なく記述するために、フロイトは愛情を求める願望として転移をとらえざるをえなくなり、そのためもっとも不愉快かつ強烈で、理解しがたい心的現実の二つの特質に立ち戻らねばならなくなった。すなわち、無意識とセクシュアリティである。とはいえ、それらの「技法（techniques）」を構築するということは、心的現実の手順に従うということでもある。理論が示すものそれ自体が、この新しい理論に対するもっとも大きな障害となるのだ。その示されたものとはつまり、心的な生を満たす意識されざるもの、時間や疑うことを知らず、願望と欲動の論理に身をゆだね、現実を拒絶し主体を分割するような、心的な何かである。無意識そのものが抵抗なのだ。無意識という、このもう一つの舞台において、精神分析の臨床実践は開演されることになる。この舞台では、主題ははっきりと説明されることがないまま、分析家の無意識は治療と理論モデルにおける一人の演者となりながら、技法的、哲学的、そして実存的な困難が生み出され続けていくことになるのである。

同様の困難が、フロイトのセクシュアリティの理論にも影を落としている。フロイト（1905c）は人生の始まりから幼児性欲が優位に立つと断言し、多形倒錯がその特徴であると仮定して、子どもの性的好奇心を一連の研究に関連づけた。セクシュアリティに遅延と再帰という二相の時間を与え、それゆえに子ども時代の空想において抱かれた願望は大人の欲望や禁止、そして不安のなかで凝固するのだ、と主張した。彼はセクシュアリティに、拡張しつつある無意識の歴史を付与したのである。フロイトは心理学というレンズを通した生物学を想定しており、結果として、人間の本性と欲望とのあいだに溝がもたらされることになった。無意識とセクシュアリティという概念は、それ自体が抵抗でもあるのだが、双方ともに精神分析への抵抗として回帰してくることになる。さらにそれらは、学習に対する理解の仕方をも変えてしまう。というのも、もし子ども時代が教育ロマンスの場であるとするなら、幼少期の遮蔽記憶（screen memories）はいつでも学ぼうとする人のところへ戻ってきて、知識の価値を判断し、既知の知識に固執させることになるからだ。実際の子どもの教育と、現在のなかに見出される子ども時代の教育の行く末とを区別することは、ますます難しくなるのである（Britzman 1998, 2003a, 2007）。

この忘れ去られ、抑圧されていた幼少期の教育が徐々に収斂してくると、それは愛情を求めるための学びという形で回帰してくることになる。これこそが、フロイトの転移に関する議論において、もっとも力強く展開されている部分である。この複雑に入り組んだ議論のなかに、フロイトは愛の問題を定位した。一気に、無意識をセクシュアリティの構造とその発達とに結びつけたのである。そうすることで、転移という新しい技法上の問題は、自らの権威を形づくっていく愛と知識のやり取りの問題へと進展していくことになるのだ。

フロイトは、転移のなかに教育と教育に対する抵抗の両方の物語を見て取った。そして、いかにして人生の物語が、教育における現下のジレンマの力となって現れ、知を求め世話を必要としながら形づくられていった幼少期における愛憎の様式がどのようにして具現化されているのかということを考えた。知ることを熱望し、他者の愛情を願い、そしてそれらを知ることができないという、この一連の事実こそが、もっとも傷つきやすく影響を受けやすい私たちの子ども時代を形づくっている当のものなのである。子ども時代とは、学びのあり様を描写したものでもあるのだ。

四　転移という概念の系譜

フロイトの転移概念は、いまだ構築途上にある。それは心的装置を理論的に精緻化する作業や、意識されざる子ども時代の葛藤の行く末に関するフロイトの関心、神経症の研究、そして分析治療の最中に分析家と患者とのあいだに起こっている事象に関する検討などから得られた、臨床的な構築物である。フロイトは『ヒステリー研究』において、転移の問題を禁じられ置換された願望に関連づけて論じている。さらにそれ以前の一八九五年に書かれた論文「心理学草案」（1950［1895］）でも、転移のジレンマの核心について探求しており、ある観念から他の観念へと情動が置き換えられて発展していく心的連想の経路に、転移を結びつけている。すなわち「思考の転移（thought transference）」、あるいは心の自由連想である。

彼の技法論では、転移は以下のように描写されている。精神分析の障害となるもの、抵抗としての転移、幼少期のセクシュアリティが具現化したもの、陰性と陽性の両側面をもつもの、両価的なもの、燃え上がりやすいもの、愛、そして精神分析を継続させるための手段、等々である。フロイトは論文「転移の力動論にむけて」において、精神分析の実践家になったばかりの人々に向けて、自我は無意識に惹きつけられる傾向があること、そして快原理へと向かっていきやすいことを理解させようとしている。ここで彼は転移について、「現実の世界では、とてもありえないような状況を生じさせる。しかし、患者が自らの感情的な衝動の対象を医師に重ね合わせるとき、患者はまさにこうした状況の生起を目指している」と考える（1912, S.E.12: 104= 全集一二：二一六）。もともと転移という言葉は、分析家の面前で患者が見せる愛と憎しみの行動様式が反復されることにより、感情がこびりついた患者の過去が現れ出て再演されることを表していたが、フロイトの晩年には、転移において伝達されるのは、心的現実と精神分析的な状況の両方から生み出されることを強いられた愛であると考えられるようになった。フロイトは、論文「分析における構築」において、こう述べている。「私たちは、分析家に対して生じる転移関係が、そうした感情的なつながりの回帰を促すのにとりわけ都合がよい、ということをすでに経験済みである。私たちは、いうなればこのような生の材料から、自分たちの求めるものをつくり上げなければならないのである」（1937b, S.E.23: 258= 全集二一：三四三）。

技法上のジレンマにより未解決なまま残り続け、実践において生み出される誤りを自らのうちに必要とする理論的構築物は、転移をいかに扱い、あるいはそもそも取り扱うことができるのか、という問いとともに、転移を絶えず変形させていくことになる。分析の仕事を始めた初期の頃、フロイトは患者が彼を自分の家族の一人と取り違えていることに気づいた。そして、患者のフロイトに対する応答の仕方や、フロイトに対して愛や憎しみ、判断を求めるそのやり方に、ある特定の言葉の繰り返しがないか、少しずつ耳を傾けるようになっていた。聴くということの態度が、フロイトの患者に対するアプローチを変えることになったのである。物事の意味を明らかにすることにこだわらなくなり、すでに知ってはいるが言葉にすることができない患者の言葉に、より注意を払うようになった。このことをフロイトに教えてくれたのは、「ドーラ（Dora）」という十八歳の女性であった。ドーラの父親が彼女をフロイト博士の元によこしたのだが、その分析は三カ月で終了した。フロイトには分析の終結が見えていなかったが、ドーラには見えていた。症例ドーラについて述べた文章のあとがきで、フロイトは転移について次のように述べている。

……その大部分が無意識的な、ある特殊な種類の心的構造物の産物……［それは］、分析が進みゆくなかで呼び覚まされ意識化されることになる衝動と空想の、装いを新たにした再販本であり複製品である。……つまり、医者は以前に出会った人々の代理であり、代用なのだ。別の言い方をすれば、一連の過去における心的体験の全体が、過ぎ去った体験としてではなく、医者という人物との現在進行中の関係として息を吹き返すのである。（1905c, S.E.7: 116= 全集六：一五二）

注目すべき点は、ドーラの言ったことを聞き逃したという失敗を教訓にして、フロイトが転移について検討したことだ。「私は転移をタイミングよくうまく制御することができなかった」(ibid. 118＝一五四)。フロイトは自分自身の失敗を振り返りながら、転移こそ分析家にとってもっとも解釈が難しいものになるだろうと述べている。なぜなら、転移において伝えられるのは、幼児期に形づくられた夢や言葉づかい、セクシュアリティ、権威、知識に関するさまざまな理論や理屈、そして分析家にはなんら関係のないと思われるストーリーのなかにすらみられる、愛と憎しみのあり様だからだ。転移は手がかりを与えるという仕方でのみ、姿を現す。その手がかりは、分析家と患者の双方にとって、分析よりも行動で示したいという強い切迫感をすぐさま成し遂げようとする感情によってもたらされる。それは、あたかも転移において、いま現在における心理的な意味と関連づけられることなく、つねに間違った人物に話しかけ、過去の失望を繰り返してばかりいるようなものである。奇妙なことに、転移とは過去と現在の両方を否認する作業なのだ。最終的にフロイトは、転移を精神分析におけるもっとも大きな障害であり、かつ、もっとも想像的な知の対象とみなすことになる。それは乱暴な教育をつくりあげたり、そこから目覚めさせたりすることに寄与するものでもあるのだ。

ドーラの症例の後、転移は分析における中核的な位置を占めるようになり、転移の解釈は、分析家の自己分析に加え、学習能力や技量にかかってくることになる。なぜなら、転移が展開していることに疑いの余地がないと分析家が確信するには、概念を研究することからではなく、分析のなかで自らが患者となることで得られる感情から、まずは学ばなければならないからだ。転移の定義にあたっては、フロイトの時代と私たちが生きる時代のどちらにおいても、二つのさらなる困難が認められる。まず一つ目は、転移は精神分析の中核概念として過去の論争から多くの影響を受けてきているが、はたして転移の影響を受けていないコミュニケーションなど存在するのか、という問いである。二つ目は、分析の状況下で展開される転移についての問いである。人は当然こう思う。では、転移と愛の違いは何なのかと。

ここで気づかされるのは、転移、あるいは個々人が関心をもって他者を想像し推測する方法は、無意識における無時間性や矛盾するものの否認、象徴的なものの崩壊へと向かう傾向などに規定されているということだ。そこでは、愛憎の痕跡はごちゃまぜになり、知覚はリビドー的になる。こうした強い感情をともなったプロセスが、精神分析的な状況をも形づくるがゆえに、技法上の問題や理論的懸念が生じることになる。「転移の力動論にむけて」という思慮深いタイトルが付された論文のなかで、フロイトは臨床の場面で働く転移の性質や力、抵抗、そして無意識の論理について概説している。本論文においてフロイトは、治療の場面以外でも転移は行き渡っており、「性愛的な転移は、病院などの施設においては生活の場と同じく、可視化されるのではなく取り繕われるがゆえに、さほど抑制されることはない」と述べている（1912, S.E.12: 106= 全集一二：二一八）。この初期の論文は転移について、現実から目を背けるものであり、願望を感受する力、あるいはフロイトが述べる「はっきりと直接的に現れた、忘れられし性愛の蠢き」（ibid. 108= 二二〇）という表現によってもっとも上手く要約される、と結論づけている。

三年後、フロイトはさらなる難題に取り組み、今度は心の構造やメカニズムといった観点ではなく、分析家の欲望に焦点を当てた。論文「転移性恋愛についての見解」[18]では、分析治療において生起する恋愛の問題について扱っている。この問題には、分析家が患者に恋をするか、あるいは患者が分析家に対して恋に落ちるか、という二つのパターンがある。そこからフロイトは、この転移をもっとも大きな臨床上の困難であると主張するに至った。というのも、転移は分析家のナルシシズムに狙いを定めているため、転移自体が学びの障害となるからである。分析家が陥る失敗にはさまざまなものがある。

分析を実践している医者のなかには、しばしば患者たちに性愛的な転移の出現に向けて備えさせ、それどころか、「分析を進捗させるために、どんどん医者に恋しなさい」と促す者もいるということは、私としても聞き知っている。私には、これほど馬鹿げたやり方は考えられない。(1915b, S.E.12: 161= 全集一三：三一二)

恋に落ちるのに準備は必要ない。恋愛は独自のマニュアルをともなって現れる。それは説得力をもって私たちをせきたてるマニュアルなのである。

こうしたすべての問題を踏まえ、フロイトは分析家たちに、転移をあくまでも心的現実の枠内で起きた現実として扱い、一個人として存在する分析家をありのままに表しているというよりはむしろ、精神分析的状況によってもたらされたものとしてとらえるよう勧めている。彼はまた分析家たちに向けて、性愛的な転移はそのままにしておき、行為や振る舞いに関する約束、誤った道徳観、あるいは真実を追求する精神分析の倫理を歪めてしまうようないかなる幻想も排除すべきである、と忠告している。転移性の愛を生み出したものが分析状況やそれに対する抵抗であるとするならば、それは、愛というものが現実を無視する自己や魔術的思考、対象の過大評価や異なる考え方の拒否、そして行動へと駆り立てる切迫性などを含むからである。こうしたものすべてが性愛的に混ざり合っている様子は、次のようなありふれた言い回しのなかにも見られる。たとえば、「メロメロになる」や「ぞっこんに惚れる」、「有頂天になる」、「首ったけになる」などである。私たちがすべきことは、こうした出来事を分析することなのだ。

五　マニュアルを求める声

転移は真に現実的なものとして、感情的で性愛的な生を構成している。それはマニュアルに対する要望をはじめ、さまざまな形となって現れる。先述の技法論の後、精神分析の運動は一連の論争や理論的不一致、分派化した実践によって混乱することになった。フロイト（1914a）は、この運動史において修正論者たちがひき起こした危機的な局面について詳述している。フロイトの仲間のなかには、マニュアルを欲する者もいた。マニュアルによって、精神分析の手順や方法は規格化され、精神分析運動における資格問題は解消し、他の治療実践から精神分析を差別化できる、と考えたからである。また、フロイトが診察室で実際に何を行っているのかを知りたがる人もいた。さらには、その方法を習得したがる人たちもいた。マニュアルを求める願望は、精神分析の運動を一つにまとめるための願いでもある。一致団結し、葛藤することなく実践を行いたいというこの願望は、訝しいほどに愛の仕事そのもののように見える。それは、専門家たちが抱く不安に対する、彼ら自身のしかるべき防衛機制でもあるのだ。

日々起こる危機的な局面もまた、精神分析という新しい方法を確実なものとし、標準化しようとする圧力に影響を与えていた。そこには学派間の根深い仲違い、忠義に対する裏切り、専門家として一線を越えること、いんちき療法という告発があり、また精神分析の領域内では、投影や被害妄想、侮辱の応酬といったヒステリックな論争があった。確かに、精神分析の歴史には分析概念の意味や妥当性についての論争をめぐる仲違いが頻繁に起こっている。セクシュアリティや無意識の性質や力、その様態を認めることが拒否されたり、症状が引き起こされたり治ったりする原因や理由、その理屈に対しても異論があった。こうしたエディプス的ともいえるライバル関係はまた、集団心理を構成するうえで避けられないものでもある。さらに、こうした葛藤に含まれる情動的な力は意識される前に行動へと移され、激しい転移の作用のなかで反響することになる。フロイトは膨大な書簡を残したが、そのなかでこうした情景について記し、食い違いや規則違反、臨床上の失敗などに伴う失望について書き残している。

フロイトが生きた時代の反ユダヤ主義もまた、こうした状況に別の側面から影響を与えていた。彼は精神分析がユダヤの科学というレッテルを貼られ、反ユダヤの名のもと、堕落をもたらすものとみなされるのではないかとつねに心配していたようである。このような非難は絶え間なく続き、国家社会主義の時代に頂点を迎えた（Goggin and Goggin 2001）。「精神分析への抵抗」という短い論考において、フロイトは感情的な抵抗に加え、知的な抵抗もあることを認めつつ、「精神分析の理論が扱う内容によって、人類の強い感情が傷つけられてきた」（1925e, S.E.19: 221＝全集一八：三三六）と述べている。さらに、社会的偏見や外的な困難も存在していた。このエッセイは、精神分析とフロイト自身に対する社会の陰性転移に関する個人的な考察をもって締め括られている。

最後に、ごく控えめながらあえて一つの問いを提起しておきたい。著者は、ユダヤ人ながら、自らのユダヤの出自をいっときたりとも隠そうとしなかった。この個人的な事情が、精神分析に対する周囲の反感に一枚噛んでいるのではないだろうか。……精神分析の最初の提唱者がユダヤ人であったというのは、また単なる偶然ではないのかもしれない。精神分析への賛同を表明するには相当の覚悟が必要であり、すすんで反主流のなかで孤立する運命を引き受けるだけの気概がなくてはならない。それは、他の誰にもましてユダヤ人にとって馴染みの運命なのである。（1925e, S.E.19: 222＝全集一八：三三六―三三七）

マニュアルでは、こうした敵意や陰性転移、攻撃性に備えることはできない。ましてや、非現実的な社会的憎悪が生まれることなど、とうてい予期できないだろう。

六　技法上の問題にともなって生じる実存的課題

フロイトに倣って、私たちも教育におけるこの対象、つまりマニュアルを次のように扱いたい。異論や反論から立ち現れるものとして、指導者を必要とする集団心理の断片の一つとして、絶対的な知識を求める専門家の無意識的な願望を表すものとして、そして危機的な局面に対する防衛として、である。マニュアルを求める声は、専門家の不安を解消するための一つの方法のように見える。しかし、そうした声の背後には、両親の権威を求める願望や、親は心を読むことができるという子どもの空想、そして不確かな事態に直面した際に退行する私たちの傾向などを聞きとることができる。この転移の物語は、幼少期のこうした葛藤を繰り返す。願望は、時間性を無視して振る舞うからだ。転移は、転移なしに学ぶことはできないが、転移それ自体が学びの障害になるというパラドックスを抱えている。最終的にこの転移のパラドックスは、知識がなぜ理想化されるのか、あるいはそれが期待を裏切ったときに軽蔑され貶められやすいのはなぜなのかといったことについて、私たちに手がかりを与えてくれるのである。

マニュアルによって解決されると考えられていた問題の一つに、精神分析というつねに発展途上の分野において、人はいかにして分析家になれるのかというものがある。精神分析は分析対象の働きによって、あるいは精神分析自身が構築する関係性によって、覆い隠されることすらあるのにだ。しかしながら、精神分析を学びたいという切なる要望に直面するなかで、いかにしてその理論は伝達され学ばれるのかという問題は色あせてしまった。フロイトが精神分析のカリキュラムについて、もっとも突き詰めて考察したのは、「精神分析は大学で教えるべきか？」と題されたエッセイのなかであった。本書の第二章で、私はこのエッセイの結びの文章に言及した。そこで以下では、精神分析についての学びと精神分析から学ぶことの対立に見られる両者の関係について考えてみることにしたい。いずれの目標も愛と憎しみを生み出し、それらが目標とするものは転移を通じて伝達される。無意識の空想や思考された知覚と結びついた情動は、家庭や学校という私たちが成長する場から生まれるのであり、そこでは学ぶ前に愛し、理解する前に学ばなければならない。性愛的な転移は、幼少期の学びにおいて培われた最早期の先入観を受け継ぐ。大学における精神分析の教授について論じたフロイトのこのエッセイは、こうした心の地下世界にたどり着くために、感情的な生の内部で凝固した動機を理解する作業に関心をもつ人々に対して、芸術や神話、文学に関与するよう助言している。この地下世界において、情動は複雑かつ自由な振る舞いとカタルシス的な力を与えられる。それらの行く末の一端を理解するためには、私たちは行間を読み解かねばならない。

精神分析と大学に関するフロイトのこのエッセイ（1919b）は、今日では絵に描いた餅あるいは机上の空論として読まれるかもしれない。というのも、精神分析の居場所は大学にはなかったし、彼が一八八五年に提出した大学で教えるための申請書類も、反ユダヤ主義のために配達不能郵便として捨ておかれたからである。同僚の妻がある役人に介入して賄賂を渡した後の一九〇二年になってようやく、「フロイト教授」が誕生した（Breger 2000: 163＝二〇〇七：二二五）。精神分析を教えるという問題に関するもう一つの机上論は、フロイトが精神分析の未来という観点から分析家の教育を思い描いていたことと関連があるかもしれない。彼が構想したカリキュラムは、科学に疑問を投げかけると同時に芸術にこだわったものでもあるので、今日の大学における現代的課題である、学際性を求める潮流の一つのように見えるかもしれない。教えるという問題は、転じて学びの問題でもある。精神分析を学ぶという営みの行く末を知ることなしに、不確かさや修正、そして抵抗といった経験にどうやって備えることができるというのだろうか。精神分析を学ぶということは、恋に落ちる準備をするようなものなのだ。

フロイトが精神分析の居場所を大学に求めた理由はもう一つある。精神分析において、臨床はこの運動の「本業（bread and butter）」であったわけだが、実は精神分析の重要な貢献は性愛関係や臨床をも超えうると彼が信じていたのがその理由だ。精神分析は単に個人の神経症に働きかけるだけでなく、社会政策や制度化された生、文化的慣習や宗教、社会的暴力、そして戦争のなかに見出される感情的な葛藤や対立を理解するために考案されたものであった。実際のところこうした大計画をもっていたにもかかわらず、フロイトは精神分析の教育に対してもう一つの制限を課していたのである。彼は精神分析が決して*Weltanschauung*、つまり完全な世界観とはなりえない、と感じていた。精神分析における知の現状に関する議論のなかで、アラン・バス（Bass, A.）はフロイトのパラドックスを次のように表現している。「無意識の科学が発展するにつれ、世界観（*Weltanschauung*）を希求し続けるのはなぜか、さらにそうした願望の満足が精神分析にとって有害であるのはなぜか、といったことを精神分析は説明せねばならなくなるだろう」（Bass 1998: 417）。その意味では、マニュアルは世界観を示すものとなりうる。教育の側から見ると、マニュアルは無意識のうちに絶対的な知識を求める幼少期の願望と結びついており、精神分析的な転移の断片に索引をつけるものである。確実なものを求めるいかなる欲望も、はなはだ不確かなものが存在することを意味するに過ぎないのである。

フロイトは、マニュアルが精神分析に対する防衛としてしか役に立たないことを見抜いていた。この局面において、教育は単一の世界観から葛藤（conflicts）の集合体へと変わり始めることになる。注目すべきは、学習に関する転移には、三つの葛藤があるということだ。一つ目の葛藤は、不確かさと無意識の影響を受容する能力の探求に打ち込むための思考と実践の訓練所を設置するという問題に関わるものである。二つ目の葛藤は、夢や転移、そして空想といった精神分析的な対象それ自体の捉えにくさという事実のなかで明らかになる。こうした対象はすべて、願望や不安、そして防衛といった標識をつけられて感情的状況において生起することになる。また、これらの対象関係は、置き換えや誤認識、無時間性といったものに支配されている。三つ目の葛藤は、実践の伝達、あるいは分析家の育成にともなう問題である。分析家は、自分自身の無意識と欲動の力を解釈することで意味を構築する。ちなみに、こうした葛藤のそれぞれは、抑圧されたものの回帰という危険をはらんでいる。抑圧されたものとは、幼少期の教育に関わる空想と、意味を追い求めすぎて破壊してしまう傾向のことである。したがって教育それ自体は、真っ赤に燃えたぎる教育の内なる姿——手を差し伸べ、救い、形づくり、理想化し、癒したいという欲望——を揺り動かし脱構築するものとして構想されなければならないだろう。以上のような転移における三つの葛藤——訓練所の設置、抑圧されたものの回帰、分析家の教育——は、精神分析が自らの発展過程に疑義を呈して分析し続けるという果てしない課題を背負っているということを意味している。そこには、精神分析によって構築されたものに対する疑念や不確かさを抱えながら、あちこちと落ち着きなく揺れ動く転移に対処するという仕事も含まれているのである。

この新しい科学を性急に実践しようとするのは、いわば危険標識に気づかないまま、建築途中の家に住むようなものと思われるに違いない。しかし、これもまた一種の転移なのである。フロイトはマニュアルをつくる代わりに、精神分析から学ぶ際に生じる問題について、技法上のアドバイスをするという形で妥協案を提示した。そこで彼は、自分たちの患者にとって最善なものを熟知しているとは考えないよう、分析家たちに警告した。そして、穏当かつさほど確かではないところに落ち着くよう、彼らに助言したのである。それは、素材に対する考え方や捉え方を患者に教えることなく、素材が浮かんでくるままに任せ、それによって患者とともに学ぶというものであった。フロイトは次のように述べることで、精神分析が陳腐なものにならないよう戒めている。

……しかし、分析の前提に何ひとつ通じていない、たったいま知り合ったばかりの他人に、あなたは母親に近親相姦的な愛情を抱いているだとか、妻を愛していると言っておきながら、実は死んでくれた方がよいという願望を抱いているだとか、上役を欺こうという意図をもっている、などとぶちまけるのは、何たる独りよがり、何たる無思慮だろうか。……私は、このような例を真似ないよう忠告しなければならない。（1913a, S.E.12: 140= 全集一三：二六四）

では、精神分析の実践に関して何が言えるというのだろうか。これはとてつもない謎かけである。つまり、もし分析家が患者をその葛藤から救い出せると信じて改善と回復を約束してしまえば、その分析家は問題を反復することになるだけだからだ。ここに、転移神経症の一つの特徴がある。精神分析の方法は、この構造的問題による影響を被ることになったがゆえに、技法論の十年後、フロイト（1925d）はついに不可能な職業の一つとしての精神分析のなかに、精神分析への抵抗を組み入れるに至ったのである。方法それ自体がつくり出し修正するような、精神分析において避けて通れない問題、ジレンマ、危険、そして学習のパラドックス――こうした精神分析における種々の困難に鑑みると、確かに、以上のようなことのすべては、精神分析という仕事の本質に関わる議論から生まれているのである。

転移の力を知ったフロイトは、夢の扱い方についても再考することとなった。彼はそれまで、夢の顕在内容と潜在内容とを区別していたが、それが夢の意味を決定するために使われる精神分析のマントラのようになってしまったことを気にかけていた。というのもそれは、無知であるという分析家のあり方、つまり彼が述べるところの「中立性（neutrality）」を損なうことにつながるからである。一九二五年に付記された『夢解釈』の脚注によると、フロイトは分析家に対し、夢の潜在的な意味を解釈したいという欲望に対して警戒するよう戒めている。さらに、そもそも夢を解釈できるという考えそのものに潜む動機を問うことを求め、分析家が知っている夢の意味について胸の内に仕舞っておくよう助言している。夢を解釈できるという考えもまた、一種の転移である。つまり、そもそも知りえないものに決着をつけ、それを知ろうと悪戦苦闘した自らの過去を奇しくも忘れるための方法だからである。フロイトは、さらに掴みどころのないものについても述べている。「夢とはその根底において、睡眠状態という条件下で可能になった、ある特殊な思考の形態（form）に他ならない。この形態を生むのは夢の仕事（dream-work）であり、それだけが夢の本質であり、夢の特異な性質を説明するものなのだ」（1900b, S.E.5: 506f.＝全集五：二八九）。夢は願望充足であるというフロイトの主張ですら、大いなる誤解を生むことになった。というのも、無意識の願望や、私たちが今日欲望と呼ぶものは、それ自体が忘れられた過去の断片を歪曲し、置き換えることだけに専心した夢の仕事の産物であるからだ。

仮にフロイトが、当初からマニュアルを書くことに同意していたとしても、彼が精神分析について記述しようとすればするほど、マニュアルは教育に関して幼少期に抱いた理論や考え方に特徴的な、知ることに関する幻想を永らえさせるだけだと理解したであろう。彼のアプローチは、分析家が自身の患者を正しい方向に導きたいと望んだり、己の方がより知っていると感じたり、自らの人格や権威の力に頼ったり、夢の仕事を忘れたりした時にこそ、分析は失敗するのだということを分析家たちに納得させるものであった。これは要するに、ドーラがフロイトに教えたことである。しかしながら、フロイトの技法論が精神分析の臨床技法の理屈や枠組みについて、あるいは分析がいかに行われるかについいて、どんなに中立的に説明しようと努力しても、彼の助言のすべては、分析におけるもっとも困難な特徴――すなわち患者と分析家の関係性――を際立たせることになったのである。すべては両者のあいだに生まれる転移性の愛次第であり、そこにおいて分析は立ち止まり、よろめくのだ。

臨床の場に愛という問題を持ち込み、愛を治癒と苦しみの両方をもたらす力として捉え、そして愛の燃えやすく消えやすい性質を見極めることで、フロイトは分析家たちに火のつけ方を学ぶことよりも、炎と戯れることを求めているように見える。ここにおいて、分析家と教師の役割は重なることになる。分析家と同じく、教師も生徒がやって来るのを待ち、日々彼らと顔を合わせる。教師はまた、生徒の空想にさらされ、未熟な思考に耐え、それらを寛大に扱うことを学ぶ。そして生徒がお世辞を言ったり、不快なメモを残したり、宿題を忘れたりした時には、その生徒が言外に何を伝えようとしているのかを考えることで、表面的な意味以上の何かを見出す。教室が診察室と同じように教師の権威を必要としているのであれば、権威の扱われ方は、生徒が自ら進んで考え、学習に参加しようとする意欲を、教師がどの程度考慮するかに左右されることになる。最終的に、転移のお祭り騒ぎは、教師と生徒のあいだにおける愛と憎しみの指標ともなる。教育と精神分析の双方が共有する分析的な問題は、愛のあり様をいかに理解するかという点にある。実践の伝達は、愛のあり方次第なのだ。

実際、転移はどれほど現実的なのだろうか。転移の関係はそっくりそのまま言語の範疇におさまり、丸ごと解釈されるのだろうか。もし、無意識である転移が、愛という切なる感情によってそれが真実であると正当化されるのであれば、分析家はどのようにして臨床場面における空想と現実とを見分けるのだろうか。どのような空想がここでは問題となるのだろうか。転移を行動化（act out）するとはどのようなことなのだろうか。なぜ分析家は、ほとんど識別不可能であるにもかかわらず、確信しているかのような仕方で転移を受け入れるのだろうか。

こうした問いはまた、私たちの生きる現代の教育場面から遠く離れたものではない。教師のセクシュアリティや生徒の性教育、教師と生徒間の一線を越えた関係、生徒への接触に対する懸念、保育園や小学校で働く男性教師への疑いの目、そして道徳的に卑劣な行為をすることに対する怖れなどに、それは関わっている。教育とエロスの関係は、生徒が教師の愛情を求めるにせよ、あるいは教師が生徒に愛されることを求めるにせよ、教える場面において転移が働いていることを示しているのだ。教師は生徒に興味や関心を寄せ、彼らの転移を呼び覚ます。こうした転移における緊張関係ゆえに、間主観性の問題を解決し、教師と生徒の考えや論理的思考を推し量る方法を教え、教育がどのようなものなのかを指し示し、感情がなぜ学びの核心を支配し破壊するのかについて教えてくれるマニュアルなど、存在しないのである。

七　テクニックからテクネーへ

フロイトの論文「想起、反復、反芻処理」(1914c) は、おそらく精神分析治療における学習の問題をもっとも教育学的に描きだそうとしたものだろう。この論文はまず、新旧の読者に精神分析がどのように変化してきたかを思い出させるところから書き始めている。技法とはつまるところ、天から舞い降りてくるのではなく、その発展や失敗、そして論争の歴史を反映したものなのである。彼は当時の技法がどのようなものであったか、その短い歴史について叙述している。これはつまり、この論文が世に出されたとき、精神分析は誕生してからまだ十四年しか経っておらず、初期の楽観的な段階を乗り超えようとしている最中であったためだ。

当初、フロイトは想起を精神分析の初期の目標に据えていた。催眠と暗示を使ったカタルシス法によって、患者は忘れていたトラウマを想い出す。そのトラウマは、もともとは抑圧された記憶であり、症状を引き起こす病の元と考えられていたものだ。ところが、想起ではそのような病に対する効果はなかった。なぜならその手法は、ただ一つの出来事を探求し、原因を突き止めようとするものだったからだ。今を生きる生の物語である症状の複雑さを理解するのには、役に立たなかったのである。かくして、催眠と暗示は放棄されることになった。

フロイトの第二のアプローチは、想い出せない事柄を患者に反復させせることに焦点を当てることにより発展していったものである。これは、自由連想（free association）として知られる基本原則を通じて可能になる。判断や検閲の規制から自由になって、患者は心に浮かんだことをなんでも言葉にするよう促される。しかしながら、自由にしゃべるという行為にもまた、心の内容物に対する抵抗や反論が起きる。そこでフロイトは、こうした表面上の抵抗や反論が抑圧を示しており、それらがある特殊な形で反復されることに着目した。ここで反復されるのは、空想や考えではなく、幼少期の諸関係における愛と憎しみのあり様を示す情動である。他者に依存して生きてきた過去が、現前の分析家に移し替えられるのだ。ここにおいて、抵抗の解釈が行われることになる。だが、かつてカタルシス法によって症状を改善できなかった時と同様に、フロイトは以下のように述べている。

……抵抗を解釈することとは、そのまま抵抗の終息をもたらすわけではない。私たちは、患者がそれまで自分の知らないでいた抵抗に深く沈潜して、この抵抗を反芻処理（work through）し、そして抵抗に逆らいつつ分析の基本原則に則って作業を続行することによって抵抗を克服できるよう、患者に十分な時間を与えなければならない。（1914c, S.E. 12: 155= 全集一三：三〇五）

というわけで、反芻処理が精神分析の三つ目のモデルとなる。反芻処理は、フロイトの理解するところの技法そのものになったのだ。フロイトは、自らを導いてくれる異論や反論を重視した。このアプローチによって、フロイトは科学の領域や構造を拡張するだけでなく、フィクションや信念、幻想や幻想から目覚めることといった世界までも描こうとしたのである。さらに反芻処理は、喪失の嘆きや昇華、創造性といった働きを理解するための手段ともなった。それは、つねに構築の只中にあるにもかかわらず、愛の重みで崩壊寸前となっている学びのあり様を伝えているという点で、新たな転移の理論を生み出すものでもあったのである。

技法に関するこれらの論文は、それ自体が転移の特徴である、知の捉えどころのなさについて語っている。心についての分析家の知識と、人生についての患者の知識とのあいだには大きな隔たりがある。葛藤の解釈は必ずしも両者のあいだに橋をかけることにはならず、したがって分析家はこの隔たりと不確かさを精神分析における作業条件として受け入れることになる。その際、理論的知識は分析家を制御するものとして働き、性急な行動化を戒める倫理的思考を提供する。精神分析の理論は、それをもって考えるためのアイディアとなるにすぎない。それは、自己を正すため、あるいは少なくとも談話療法において避けることのできない間違いを犯した際に、分析家が自らの関与の仕方を理解するために使用されるのだ。患者が話す場面とは、関与や転移、構築物、そして理解が生まれる場でもある。実に、理論と実践とのあいだに横たわるこの隔たりと葛藤を重視することで、患者は分析家と同盟を結び、フロイトが「人工的な病気（artificial illness）」（1914c, S.E.12: 154＝全集一三：三〇五）あるいは転移神経症と呼んだ、新たな学習段階へと進む機会が与えられるのである。転移が戯れるこの独特な場は、患者の未だ満たされることのない愛情を求める願いからつくり出されたものだが、それはこの転移神経症という新しい病を分析できる場でもあるのだ。フロイトが技法論で伝えているのは、精神分析の学習は解体と遡及ないしは再生という方法によってのみ前進できるということだった。実践と理論が折り重なったひだの中には、私たちの心や自他の関係をつくり出す、葛藤、不安、空想、防衛がある。精神分析はそうした折り重なりを開いてみせると同時に、その影響も受ける。精神分析が示すさまざまな困難に関する集大成の最たるものは、全二十三巻にものぼる『フロイト全集標準版』であろう。私たちが指示や教示に従おうとする際に生じる葛藤がここでは論じられているわけだが、これはマニュアルに関する議論がいかに果てしないかを、身をもって示しているものとして読むことができるだろう。

八　フロイトの教育体験を振り返る

六十歳になったフロイトが自身のライフワークを選んだ理由について尋ねられた時、彼は自らの生徒時代の心理を振り返るところから語り始めている。学校と教師の権威に対する自身の転移の物語について語り、転移を教育の核心として恒久的に関連づけたのである (Britzman 2009)。自身の過去を巡るこの小旅行を通して、フロイトは生徒であった頃の自分が、これから学んでいく知識に熱中し、夢中になっていたことに気がついた。また、生徒時代の記憶が自分の現在の感情に未だ影響を与えていることを改めて自覚させられ、にわかには信じられない思いでいた。このエッセイの冒頭における彼の言葉は、教育に付随する転移のあり様を示すものとして読むことができるだろう。

人生の終盤になって、またギムナジウム提出用の「ドイツ語作文」を書くよう課題をおせつかるとは、何とも奇妙な感じがしてなりません。ですが、機械人形よろしく、これに唯唯諾々と従わないではおれません。さながら、「気をつけ！」の号令が下されると、両手をズボンの縫い目に当てて、手のなかのものを地面に落とさざるをえない退役軍人のようなものです。それにしても、この半世紀のあいだ何ひとつ特別な変化がなかったかのように、すすんで号令に服するとは、これまたおかしな話でもあります。実際のところ、すっかり歳をとってしまったわけですが。（1914d, S.E.13: 241＝全集一三：二八九）

上記の引用にある権威の置き換えられたものが転移の物語を構成する一つの要素だとすれば、この物語のもう一つの要素、すなわち愛は、時と場所を無視して噴き出すものである。愛はけた外れで比類なきものであるがゆえに、特別なページに自らを書き記すのだ。フロイトの生徒時代の心理に目を転じてみると、彼は教師が教えたことと、教師の人となりのどちらがより自分に影響を与えていたのか、自覚していなかったことを認めている。また、彼は自身の生徒時代の教育を振り返りながら、教師たちは生徒が自らをどう感情的に扱うのかということに関して無知であったことをはっきりと認めている。もっとも、フロイトの熱のこもった記述を読む限り、彼がこうしたファミリー・ロマンスに無自覚であったというのは考えにくいだろう。その次に彼が思い出すのは、教師の陰で隠れて遊んだ出来事――とはいえ、これも結局は教師が関わっているのだが――である。これはいわば、見えないインクでマニュアルを書くといった、突飛な空想であった。

私たちは、先生方を慕っていましたし、ときには、先生方に背を向けることもありました。先生方のうちに、あるときは共感、あるときは、長続きするようなものではありませんでしたが、反感を抱くこともありました。先生方の性格を細かく検討し、それをもとに私たち自身の性格を形成したり、あらぬかたちに歪めたりしました。先生方は、私たちのきわめて強い反抗を呼び起こしましたし、私たちを完膚なきまでに屈服させもしました。私たちは、先生方のささいな欠点に目くじらを立てもすれば、また、知識であれ正義であれ、先生方の偉大な点を誇らしく感じたりしたものです。私たちは心の底では、先生方がお気づきになっていたかどうかはともあれ、先生方が愛情を与えてくれる限りにおいて、彼らに大いなる情愛の念を抱いていたのです。(1914d, S.E.13: 242= 全集一三：二九二)

私たちが推測できることは、唯一、教育の場面の背後で起こる予期せぬ事態だけが愛による学びの舞台を整える、ということである。したがって、そうした舞台もまた探究されてしかるべき事柄となろう。生徒たちはどのように役を演じるのか教わる必要はなかったし、どんなマニュアルもこの教師の受難劇あるいは転移という集団心理のなかでは、教師に想定外の事態に備えさせることはできないのである。

集団心理の地雷が敷き詰められている第四章に進むにあたり、読者にはこのフロイトの生徒時代の記述を記憶に留めておいていただきたい。

第四章　集団心理学と愛の問題

なるほど個人心理学は、一人ひとりの人間に照準を合わせ、その人がどのように欲動の蠢きを満足させようとするのかを探究する。けれどもその際、この個人が他の個人と結ぶ関係を無視することは滅多にできるものではなく、できるとしても特定の例外的条件のもとでしかない。個人の心的な生においても、模範として、対象として、協力者として、敵として他者が問題になってくるのはごく普通のことであり、だからこそ、個人心理学は、そもそもの始めから、拡張されてはいるがまったく適当かつ本来的な意味で同時に社会心理学でもあるのだ。

ジークムント・フロイト『集団心理学と自我の分析』
（1921, S.E.18: 69＝全集一七：一二九）

一　期待の心理学

このエピグラフに私たちは、個人心理学を社会秩序の分析に拡張しようとしたフロイトの構えを見ることができる。この引用の文言はフロイトなりの最大の理由づけであるが、しかしこれらは曖昧さを感じさせるものでもある。集団心理学と個人心理学のあいだに密接な関係があると想定すると、個人的なものが集団的なものに対して心理学的な説明を与えるというのであろうか。それとも逆なのだろうか。フロイトの一九二一年の論考である『集団心理学と自我分析』はこうした問いを組みかえている。この本は、読者を心理学的に絡み合う藪のなかに、そして身をよじるような裂け目のなかに突き落とす。フロイトの文章は難解であり、ことによるとそれは読者との現実の関係を無視した体裁をとっている。本章では、そうしたジレンマについても取り上げることになろう。読者諸氏には上記の断りを意識にとどめて、こう問いかけてみることをお勧めする。個人心理学が他者との現実的な諸関係を無視する場合、それはどのような例外的条件においてなのか。こうした無視（disregard）はどのような形を取るのか。私たちはこの章全体を通してこれらの問いを深めていくわけだが、いまこの時点で、フロイトがすでに提示していたこの込み入った問題について留意しておくことができる。すなわち、無意識は他者との現実の関係を無視するものであり、転移はそうした無視を内に含み持つということである。さらに、すでに起きたことを否認し、取り消そうとするような自我のいくつかの防衛機制も、ここでは同じ括りのなかに分類することができよう。私たちは前章でも、精神分析の臨床における自由連想が、分析者とその他の人たちの本当の感情を無視してしまうことにつながりうると指摘した。フロイトはこの小著のなかで、そうしたより多くの無視の形態について考案している。この点については本章の結論部分において、この小著の最後の一節を取り上げつつ見ていくことにしたい。

いうまでもなく、その意図からして、フロイトの集団心理学（group psychology）という術語は意味を捉えにくい。この術語は、社会の雰囲気や公衆の感情、文化的な禁制などの法則性や揺れ、そして影響力を説明することもある。集団心理学は、そうした葛藤を指し示すものとして、問題となる当の世界に対する注視（regard）と無視（disregard）のあいだを行ったり来たりするのである。心理学の概念は、集団の力学やそこから予期される事柄の特徴を説明するが、それはまた、ある集団がさまざまな規則を編み出し、排除や暴発の一連の流れを正当化していくやり方を反芻処理（works through）する、そのようなナラティブの営みの中へと分け入っていくための一つの手段でもあるのだ。心理学は、集団のなかの激しい愛着や執着に関する語りであり、また同様に、分離を求める葛藤を説明するものでもある。それゆえ集団心理学は、自我の内的世界における分裂やその防衛機制にともなう葛藤をも問題とする場合がある。こうしたあらゆる視角において、集団心理学は愛や憎悪、そして両価性の問題を浮かび上がらせることになるのである。

フロイトが文化的な生に関する精神分析へと最初にふみ出した『トーテムとタブー』は、法や制度、神聖な対象、禁止といった事柄の心理学的な諸特徴を説明しようとする試みであった。フロイトはこの文化的な生の分析をともなう実験的な論考について、「精神分析の観点と成果を民族心理学・社会心理学（*Volkerpsychologie*）における未解決の諸問題に応用した私の最初の試みの一環である」（1913c, S.E.13: xiii= 全集一二：三）と述べている。ここでフロイトが言う未解決の問題とは何であったのか想像することは難しい。しかしながら彼の一九二一年の論考では、集団との関係において自我心理学から学びうることが見通されつつ、この未解決の問題を再び説明するための別のアプローチがとられている。

精神分析を文化的な連なりのうちに持ち込もうとした最初の試みと同様に、フロイトの風変わりな小著『集団心理学と自我の分析』は、現代の読者たちに対していくつもの難問を提示している。そこでは、長々とした異論や反論（objections）とともに精神分析の文化への適用という試みを退けるか否かという問いが強調されている。この本は時代遅れで古風で空想的な著作と見るべきなのだろうか。それともこうした古風なもの、空想的なもの、時代遅れのものといった言葉づかい自体を、心的現実が反映されたものであると考えて良いのだろうか。現代の精神分析界においては、この著作をどう読み解くべきかという困惑と、フロイトの臨床的・理論的な著作のなかのどこに位置づけたものなのかといった迷いが見られる（Person 2001）。年代順に配列すると、本書はフロイト理論が発展するさなかに書かれたものであり、リビドー理論から不安という未解決の問題群へと進みゆくあいだの移行期のものとして読むことができる。このテクストはそれ自体が収まりのつかない不気味なものである。こうしたフラストレーションの感情は広くフロイトの理論に及んでおり、それはいまや社会心理学の地下深くにまで至り、自我形成のジレンマを明らかにしようとしている。読者は、フロイトが自身の考えをここまで広く適用しようとしていたのかと驚くことだろう。集団生活の基本的な論理を解き明かそうとしたフロイトの試みは、ここで思いがけず意味の縁取りを遠ざけ、またそれを宙づりにしてしまっているのである。

こうした反論については、これまでも触れてきた通りである。ここまでの各章では、フロイトの方法を、精神分析に対する異論や反論を精神分析の知の対象へと変えていくものとして、またそのようにして構築されたものがいかに精神分析の臨床における障害となっていったのか考察を重ねるものであったことを示してきた。こうした手法は、フロイトが自身の考えを広げる主だった手段であり、思考に生の息吹をふきこんでいく彼特有の方法的な特徴でもあったのである。この一九二一年の論考では、同一化や欲動、自我といった臨床によって構築された諸概念が集団生活の分析に持ち込まれている。フロイトはここで、個人心理学を保持することに対する新たな反論に対処しているが、その反論とは、語ることへの抵抗を分析することにより、いずれフロイトが直面することになる一つの問題であった。フロイトによれば、集団心理の神話を描きだすために、私たちは語ろうとするなかでの抵抗や拒絶、いわゆるナラティブの反乱（narrative revolts）に応答しなければならない。集団心理にさまざまな語彙をあてはめていくべきだ、というのがフロイトの的確な助言だったのである。

では、こうしたナラティヴの反乱はどのような形を取るのだろうか。精神分析の概念は未解決の問題群によって形づくられており、フロイトにとってもっとも解決困難な問題とは、心の理（psychology）の起源や存在の意味をめぐる問いであった。この心理の存在論は、以下の諸点について、その原因を示すのではなく、表に出ない伏線的な言外のメッセージを形づくる。それはすなわち、子どものエディプス的な問いや、不気味なものによって不安定化させられる傾向性、抑圧されたものとその回帰、そして本章でみる集団におけるリビドー的な結びつきに関する数々の詩作、こうしたものについての言外のメッセージである。フロイトは集団の発展を人間の出生以前の、幼児期以前の、心理が誕生する以前の、そして時間そのものが生じる以前の、神話の舞台における原始群族（primal horde）に関係づけようとする。この原始群族という別様の表象が、フロイトを象徴化の起源へと向かわせることとなった。フロイトはその起源を詩人によって創作された筋書きの中に求める。フロイトは、いくつもの神話を用いて想像性に富んだ存在論を創りだし、それにより現実における非現実について論じるのである。私たちの目的は、教育の営みをフロイトの新たな問いとつき合わせてみることにある。そのアプローチは、いかにして集団をよりよく扱うことができるかを端的に問うものではない。そうではなくて、先に示した疑問、すなわち集団心理学の研究では人間の内的世界について何を述べることができるのか、愛は集団心理学とどのようなかかわりを持つのか、といったことを問うものなのである。

フロイトの課題は、動的な無意識とその欲動を通して集団心理を読み解くことであった。この無意識と欲動は精神分析によって構築された概念であり、セクシュアリティや抑圧、表象の一連の流れを物語る際に必要とされるものである。フロイト思想のもっとも鋭敏で想像力に富んだ読者の一人であるジュリア・クリステヴァは、フロイトが採用したこの手法を「ナラティヴの反乱（narrative revolts）」を構成するものとして、また精神分析に「原初的なものへと接近することで、意識上の意味をひっくり返させる」ような思考法であるとして説明している（Kristeva 2000: 15）。反論・対象・障害の力学を通して集団心理を考察することで、フロイトはそこに倫理的な研究テーマ、すなわち反芻処理と昇華を思い描くことができた。意識による意味づけを大々的に転回することで、私たちは抑圧されたものの回帰について考えることができる。そしてまた文化的な生を、心の現実のあり様とその葛藤が形づくられたり壊されたりする過程にさらされているものとして提起することができるのだ。

とはいえ、フロイトが提唱するナラティヴの反乱とは、集団心理学がそこで繰り広げられる精神の諸活動を把握しえないといった話というよりはむしろ次のような議論である。すなわち、人間の自我は大胆にもその思考の働きを言語化し、他者とともにあり、また他者のように振る舞うことがどのようなものなのか述べ、独立した固有の自己を見つけだす、といった議論である。したがってフロイトが紡ぎ出す物語は、想像や言語、空想を、情動や症候、防衛機制へと結びつけるがゆえに、精神分析的なものである。集団心理学は、過去の物語を語ろうとする試みに係る一つの申し立てとなり、そこでは行き詰まりや葛藤さらには衝突、喪失、リビドー的なもがきのすべてが理想に執着し、世界観はその意味を喪失させることになるのだ。この小著に記された不気味なものがもつ力に関していうと、フロイトは神話に多くを負っていた。文学に見られる生の営みは、社会的な愛と憎しみの寓意のなかにまで精神分析を拡げゆくにあたって模範的な題材なのである。

フロイトの『集団心理学と自我の分析』は、初期の著作で捨ておかれた糸のすじを拾い集め、それらの意味を織りなし、新たな驚くべき議論を作り上げている。すなわち、集団への所属（belonging）と離脱（separation）の問題を通して自我を分析するというものである。これはフロイトが、現実における他者とのさまざまな関係を注視するか無視するか、そのあいだの葛藤によって指し示していた当のものかもしれない。これは推測されているところだろうが、そのあらゆる仕事においてフロイトは、葛藤に満ちた言葉づかいをもって、以下のように自我の複雑さや運動性、またその捉え直しを想定している。たとえば、自身の心の詩的な思いに関係づけられたものとして、リビドーと不安に突き動かされるものとして、愛の対象として、保護を必要とし依存的で防衛的なものとして、部分的に無意識的なものとして、世界に密接しながらも自らの強い願望からは決して離れえないものとして、時間や言語や否定の行為による影響を受けるものとして、観念と情動のあいだないしは快と現実のあいだの闘いとして、適応的かつ不完全でそれ自体の分裂による影響を被るものとして、自己愛的な傷や意味づけによる負荷および一体化の感情などにより振りまわされてしまうものとして、身体的な表面であると同時にそれが投影されたものとして、そして一個の有機体として、それぞれ自我を捉え直そうとするのである。フロイトの集団心理学の研究では、自我に関する彼の理解が［右記のような］いくつもの自我によって構成される世界へと拡張されている。こうした複数の自我の世界では、互いへの影響の与えあいや敵対心、競争意識にさらされ、また愛や正義を求めて自我理想を内面化していくことが課せられる。自我は集団心理のなかにあって間‐主観的（inter-subjective）でありかつ精神‐内（intra-psychical）のものとなり、神話の語り出しやナラティブの反乱において必要となる要素を付け加えることになるのである。

ここでもフロイトは、そうした争点のなかに、精神分析でもっとも理解が難しく抵抗を孕んだ二つの概念――無意識とセクシュアリティ――を持ち込んでいる。この無意識とセクシュアリティは集団生活において対象の備給に作用し、それを作り上げる。そうした備給は集団のなかに取り込まれゆく自我の移ろいのなかに変転していくのである。集団における自我についてのフロイトの分析は、転移という論点に対し、あらたな諸問題をもたらすこととなった。リビドーのあり様やセクシュアリティは、それ自体が幼年期における自我の防衛機制によって形成されるものであるが、それは集団における情緒的な結びつきに対する切迫感のなかで立ち上がってゆく。これがすなわち、同一化である。自我は、こうした複数の同一化をすべて合わせ集めた総体となるのだ。だが、そうした説明はどこか辻褄があわない。ラプランシュとポンタリス（Laplanche and Pontalis 1973）は辞典の「自我（the ego）」の項目で、同一化の概念およびその関連語があいまいなものであることを強調している。「同一化とは自己と他者の関係をたんに表した以上のものであり、むしろその同一化のために自我は根本的な変質を遂げうるのである。自我は間主観的な関係における主観内の残余となる」(Laplanche and Pontalis 1973: 137＝一九七七：一六三)。自我が形をなしてゆく過程では、数多くのものがともに組み合わされる。リビドー的な原初の関係とその関係の遺物とのあいだで交わされる仮想的なやり取りを自我のうちに位置づけることによって、フロイトは自我がいかにして自らの構造・図式に影響を与えるか、語ろうとしている。また、愛の到来とともに物事を考えようとすることへの興味関心に自我がいかに作用していくのか、語ろうとしているのである。

フロイトの自我の分析は、無意識とセクシュアリティについての新たな理解をもたらしている。無意識とセクシュアリティは、それら自体が、身体的な活動に足を止めて一休みする昇華や思考、言語化といった自我の行為に対して障害となり助けにもなるものだ。少々驚くべきことに、フロイトは不気味で収まりのつかない愛によって集団の心理がつくられると想定しようとしていた。自我からすれば、まるで集団心理がたえず存在するかのようである。忘れられた起源や意図せざる熱情、攻撃的な欲動といった文脈のなかにまでセクシュアリティの意味を拡張したように、フロイトは個人心理学の存在論を集団生活に関する神話や詩にまで拡げたのであった。

フロイトの『集団心理と自我の分析』に関する今日的な議論と関わって、ジョン・カー(Kerr, J. 2001)は、このフロイトの仕事が読んでいてどれほどもどかしいものか記述している。このテクストは迷路のように複雑で、読者はフロイトの挿話や余談の多さにしばしば迷子となってしまう。さらにこの著作は、読むという行為を、意味を持った一つの実験へと変えてしまう。フロイトの言葉の数々とその意味の読みとりのあいだには直接の経路は存在しないのだが――実際、そのテクストの曖昧さや定まらなさ、両価性といった滑り動いてゆく性質を通して、フロイトは意味づけを試みていた――、ところがカーは、このテクストを臨床的に、さまざまな症候およびリビドー的な結びつきの物語として、そして解釈が求められる心理学として読むべきだと勧めるのである。ここに判然と、表裏一体の問いが立ち現れているように見える。すなわち、何が集団を結びつけるのか、そしてなぜ集団は崩れてしまうのか、という問いだ。けれども、フロイトが心の理それ自体の起源を定めようとし、そうして原初の、抑圧された、忘れられた事柄を積み重ねなければならなかったことにともなって、上記の問題はあいまいではっきりせずその姿を隠してしまうところとなった。もし私たちがフロイトのテクストを臨床的に読むならば、以下のような気づきを得ることができるだろう。第一に、そこには集団心理というわけではないが、にもかかわらず集団に対するさまざまな感情を含み持つ何がしかが存在しているということ。そして第二に、個人はすでに集団心理を予測しながら対処しており、それをあらゆる集団生活のなかに当てはめているのではないかとの疑問が生じるだろうということである。このなんとも不気味で収まりのつかない要因、疎外感、あるいは未知の状況における感情の挫折といった事柄は、フロイトに、自我における愛の歴史を再考させることになる。こうした思考の転換により、このテクストは臨床的なものから離れ、感情的な生の行く末について描写した神話の文学的世界へと大胆にも入り込んでゆくのである。

集団生活についての考察は、自我にあらたな心の役割を差し添える。それは、権威や過去、無意識的な欲動による蠢き、わずかな違いをめぐるナルシシズムの引っかかりといったものに引き付けられる力を反芻処理する必要に係る役割である。この書は十二の短い章と補遺によって構成されており、その補遺はほとんどまるで異なる論文に付されているかのように読むことができる。この補遺は、なぜナラティブの反乱が集団心理学と自我の分析の双方において基調を成すのかという疑問について、きわめて驚くべき一つの主張を掲げている。フロイトは新たな挑戦を大胆にも試みる。すなわち、原始群族、太古の対象との関わり、指導者的な人間のうちにみる原父の再来、反復強迫、エディプス・コンプレックス、古めかしい妬みや僻みの感情、敵意、愛を喪失することによるうろたえ——これらのさまざまな要素をフロイトは、集団形成のなかに見すえるのである。こうした否定的な諸要素の歴史はあらゆる同一化において作用しているが、これらからすると、昇華や創造性、自我理想が生じる根拠やその材料もまた存在することになろう。フロイトが彼なりの対象関係論を考案し、そのすぐ後に『自我とエス』(1923a) で心的装置を超自我という力強い第三の調停者をともなう審級へと変換したのは、基本的に集団心理の研究を介してのことだった。なお、この審級たる超自我は、良心、自己批判、道徳的な不安、対象への備給、そして同一化の一つの貯蔵庫であり、またそれはエディプス・コンプレックス的な反抗や文化による禁止の無意識的な記録でもある。

集団心理の探究はまた、フロイトが催眠術や思考の転移に関する初期の関心に立ち戻り、群居本能 (herd instinct) やヒステリーの伝染、模倣、群集心理といった、彼が生きた時代の大衆的な諸理論に論評を加える一つのきっかけにもなった。フロイトが仔細に分析した世間に広まっていた思い込みのうち、いま現在でもなお信じられているものには次のようなものがある。おおげさに広げた情動を自分の考えであると誤解させることで、集団は個人を他者の言いなりで敵意に満ちた追随者に仕立ててしまう。また集団は、他人を守るために自分を明け渡し、他人の経験を自分が経験したように生きよとその成員を服従させる、といった考えである。なぜ人は自らその精神を投げうってしまうのかという問いは、フロイトに個人心理学への疑問を抱かせることになった。集団生活を論じていた当時のさまざまな文章について、彼はそれらを心理学的なものと見なしていなかった。フロイトにとって、心理学とは感情の歴史を問うものであった。その歴史の問いとはすなわち、意識下にあるリビドー的な葛藤を無意識的に方向づけ、同じく世界に認識を与える統覚および注意をめぐる一つひとつの概念を無意識的に方向づけるものだった。この意味で、心理学とは常に愛の心理学であり、それゆえに愛の意味づけや理由づけ、愛の喪失と格闘しなければならなくなる。愛こそが私たちにとって最大の未解決の問題となってゆく。集団心理を概念化するうえでもっとも抵抗を感じさせるものとは何かフロイトは理解しようと努め、それにより彼は自我が有する自我それ自体との関係について新たな発見を得た。ここに心理学が始まったのである。

フロイトが掲げた問いは今なお妥当である。さまざまな集団はどのようにそのリビドー的な結びつきをつくりだすのか。そうした情緒的な結びつきは、催眠術がそうであるように、暗示によって形づくられているのか。そうではなくてパニックのような感染によるのか、はたまたセクシュアリティのように魅惑と魅了により形づくられるのか。情緒的な結びつきや心の布置は、人が考え判断し現実を試行する力に対してだけではなく、個性に即した芸術や工芸といった営みに対しても影響を与えるが、それはどのような方法によってなのか。集団心理はさまざまな二者関係のうちに始まりをもつが、それは個人の心理よりも古いものなのか。ある集団の理想はどこに由来するのか。集団がリーダーをつくるのか、あるいはその逆なのか。ただ集団についていくだけの人間が払う代価とは何か。もし無意識とセクシュアリティを集団心理として捉えるならば、他にどのようなものがそこに含まれるのか。最後に、集団の心理を精神分析することはそもそもできるのか、それともいまや精神分析は自我や壊れやすいナルシシズムの現出に関する私たちの視座を別のかたちで検討するものなのか。

すくなくとも、フロイトは実存に関わる目下の問いをふたたび方向づけなおしている。その問いとは、心理的な生に関して何を言うことができるのか、外的な世界はいかにして主体の内面生活を提案するのか、というものだ。集団心理を考慮することなしには自身の個人に対する見解は不完全なものになるとしたうえで、フロイトはこう記している。

もう理解できたと思えたはずの個人が、特定の条件の下では、その人から予想されるのとはまるで違った風に感じ、考え、行為するという驚くべき事実を、心理学は説明せねばならないはめになるだろう。その条件とは、個人が「心理的な集団（psychological group）」という特性を獲得するに至った人間の集合の中に組み入れられるという事態である。（1921, S.E.18: 72= 全集一七：一三二）

フロイトが期待していたものは、むしろ彼がそう望んでいたところのもののようだった。つまり、個々人は集団心理の要求や錯覚、幻想に流されてしまうことなく、そこには思考する集団（thinking group）とでも呼ぶべきものが存在しうるだろうという望みである。

しかしながら問題は、本章冒頭の引用でフロイトも認めていたように、個人がなんら集団に関わりをもたない時期などほとんど存在しないということである。もっとも早い時期には家族があり、それから教育の制度との関わりがある。だが、こうした子ども時代の集団、最初期の情緒的な結びつきは、抑圧された過去の遺物でもある。この過去の遺物は、他者とともにあることにより生じる衝突を避け、また同時に他者とともにあることの両価性を賦活するべく回帰してくることになる。このテクストの風変わりな記述は、フロイトが予期しえぬものに対処する方法、言い換えればこの抑圧されている過去の遺物の回帰について論じているのである。回帰する抑圧されてきたものとは、これまで古代の（archaic）と形容されてきた先史時代のもの、すなわち恐ろしく血の気の多い古代ギリシャ神話の悲劇である。そこでは、登場人物たちは行動の意図をよく知ることなしに振る舞い、エロスは盲目的で、学びはいつも遅すぎて、主人公はその生まれの素性へと決して戻ることはない（Spitz 1994）。この精神分析的な状況には力動的な無意識が関与している。それは不完全な痕跡の数々、愛を求めて学ぼうとした忘れられた歴史のひずみ、教育における古来の幻想のかけら、全能的思考による閃き、敵意をもった衝動、欲動の蠢き、といったさまざまな力動的な無意識である。セクシュアリティそれ自体もここで拡張される。その発端は他者により、その力は欲動により、形が整えられるのである。

　けれども私たちは、フロイトが集団心理に含まれる矛盾・葛藤について不見識であったわけではないということを認めておくべきだろう。六十五歳になるフロイトがこの著を執筆した動機について、人は不思議に思うかもしれない。その意味で、このテクストは精神分析における集団の転移の実例として分析することもできる。フロイトの膨大な書簡の数々は、精神分析に内在する葛藤を示してくれるものだが、明らかに個人的な立場から精神分析運動の草創期の歴史を論じているフロイトの論文（1914a）は、精神分析運動内部の議論やユング、アドラーといった分析家たちとの離別について論評している。この論文の手法は、歴史を個人的な問題として捉えており、それにより私たちは、フロイトの交友関係やその敵を寄せつけてしまう才能、精神分析運動に対する想い、そして一部の人々が指摘するようなフロイトの誇大妄想などを分析することができる。

　そしてさらに言えば、この一九二一年の集団に関する論考は、確執や意見の食い違いの真っ只中にあった当時の精神分析運動に対する一つの解説として読むことができよう。そこには、秘密委員会の設置、主導権を求めての陰謀や謀略の数々、そして地位や方針をめぐる争いの回避、子どもの精神分析と教育という新しい分野の理論をめぐる争いの忌避などがあった。そしてそれはまた、より大きな社会的・政治的な舞台のうちに置きなおすこともできる。オーストリア＝ハンガリー帝国の崩壊、第一次世界大戦におけるドイツの敗北、ドイツとイタリアでのファシズムの台頭、ロシアとハンガリーにおける社会主義の勃興、本書はこうした社会情勢を受けて書かれたものなのである。戦争に関する考察を通して、フロイトは疑いなく敵意の種とでもいうべきその根源を理解しようとしたのであった。

だが、この小著をテクストそれ自体に即して、すなわちその文学的な諸特徴――隙間やずれ、沈黙、ほのめかし、思考の中断、神話的な性格――にしたがって読んでいくと、そしてまた社会科学者や臨床家、歴史家というよりもむしろ詩人としてその文章を読んでいくと、なぜフロイトが内的世界と外的世界のあいだに囚われた愛の無意識的な葛藤にこそ集団心理学を見定めたのか、理解することができるだろう。文学的な手法により私たちは、何が歴史に抗い、また何が歴史になりえなかったのかを知ることができる。文学的手法はまた倫理の問題ももたらす。というのも、もし過去が時間の流れのうちに位置づけられ理解されることがなければ、またなぜ諸々の出来事を時間のなかに配置することが、逆説的ではあるが、失うことによってさらに大きな心理的自由が得らえるという喪失を宣言する物語を生み出すのか理解しえなければ、主体はそれ自体が無時間的である無意識に振り回されてしまうためである。集団心理学が前面に据える問題とは、外的な出来事は自覚されないままに記録されるということである。そうした記録のなかには、幼年期の現実感を印象的にとどめもつ幻想や、心のうちにある強迫的な感情を知覚や行動に転移させようとする収まりのつかない不気味な衝動も含まれている。

繰り返しになるが、この著作のテクストはそれ自体が収まりのつかない不気味なものである。そこには、原始群族、息子が原父を直接目で見てはいけないというタブー、催眠、そして日常にひどくありふれた愛と服従の交換といった神話的で空想的な事柄が満ちている。こうした集団心理についての太古の遺産やそれが伝えられ取り入れられていくやり方は、どこか恐ろしく、それでいてどこか馴染み深くもある。文学的手法を用いると、このテクストは寓話として読むこともできる。たとえば、集団心理の堆肥の山に咲く花たる、教育についての無意識の語りを説き明かすことによって、教室のなかでよくある諍いや葛藤を言語化する一つの独創的な試みとして読むこともできよう。

二　不気味なもの

フロイトは論文「不気味なもの」（1919c）で、恐ろしさを呼ぶさまざまな感情についての話を取り上げている。この論文は文学的な研究であり、集団心理学の地下に隠された深みを先読みした仕事として見ることができる。不気味さを感じさせる事柄には奇妙な親近感があり、しかも不快で、どう接していいかわからず、位置づけがしにくく、だがどこか魅惑的で、人を惑わせるところがある。不気味なものという概念は、思いがけぬ出来事や据わりの悪い偶然の一致に奇妙な親しみを抱かせるような錯視の指標である。現実を解釈できると胸を張る自我に対し、不気味なものは自我のそうした自信を揺るがせ、自我と他者の実際の関係を無視してしまう。不気味な感覚によって、ずっと昔に捨て去ったと思っていた観念が、ますます確かなものとして感じられることになる。きわめて単純な事物（たとえば突然の物音、単語、画像、置き人形や手人形やぬいぐるみのような命なきオブジェ）が、本来それとは別様の恐怖や心配、不安を思い起こさせるものとして体験されるのである。

　この不気味なものに関する論文で、フロイトは語源を吟味しており、特に家庭のような馴染み深さ（home）と馴染みのなさ（estrangement）という語句の関係がここで検討され、[19] さらにこれをベースに美学の言説が持ち込まれている。論文のかなりの部分はE・T・Aホフマン（Hoffmann, E.T.A.）による短編小説『砂男』（1816）についての長い叙述によって占められている。この童話に登場する人物は、ときに脅かしを、そしてときに癒しを与える存在であり、子どもの目に砂を入れ眠りにつかせることで知られている。砂男がやってきた証拠としては、両目の中に薄皮のようなものができ、それによって目を開けることが難しくなる。起きることができなくなることへの突然の不安により、眠ろうという思いは妨げられる。

　このホフマンの物語は、不確かさやアイデンティティの取り違え、不安や恐れに満ちたものであり、その主人公は誰かよく分からない人物を恐るべき別の存在と取り違えてしまう。自身の感情に説明がつかない状況のなかで感情をすっかり衰弱させてしまった主人公は、あの未知の人物が見知らぬ客なのか、恩人なのか、殺人者なのか、分からなくなってしまう。そうした不確かさは、エディプス神話のようにどこか怪しげでもあるが、この物語を悲劇的な結末へと至らせる。意味づけることができなくなった主人公は、あっという間に狂気に陥り、人を殺そうとし、結局は自殺してしまう。

　ホフマンの物語からフロイトは、視覚を失うことに対する子どもの不安について思索し、これを去勢ないしは愛する者からの分離不安と結びつけた。不気味な感覚は、抑圧された幼児期の痕跡を反復せよという無意識の衝動と関係している。このエッセイが結びに差し掛かるなか、フロイトは不気味な感情とは見慣れた事物だったり抑圧されたものの回帰だったりに思いを馳せるものだという自身の考えに対し、自ら異論を列挙している。そこでフロイトは最後の事例として、おかしな異音を耳にしたり奇妙な偶然を経験したりすることによって活性化する子ども期の不安や、恐怖に遭遇する大人の限界について言及している。「孤独、静けさ、暗がりについては、それらは実際たしかに、大抵の人間にあって決して完全には解放されることのない子どもの不安に結びつけられる契機であるということ以外には、何も言うことはない」(1919c, S.E.17: 252＝全集一七：五二)。

「完全には解放されることのない」というのは、フロイトの『集団心理学と自我の分析』の中心的な主題である。だが、ここで私たちは問わなければならない。いったい何から解放されるのか。この問いは、教育——それ自体が集団心理学の一つの舞台でもある——におけるさまざまな強迫的な感情を再考させることになるだろう。そしてまたこの問いは、フロイトが提示したもっとも難解な概念のうちの二つを（反論・対象・障害として）はっきりと説明してくれる。その二つとはすなわち、無意識とセクシュアリティである。この二つの極のあいだにフロイトは、脆弱な人間心理の自由を、それ自体の欲望に相反するものとしてではなく位置づけることだろう。ここで私たちはフロイトの風変わりな著作に立ち戻り、再度問うことにしよう——集団の心理において何が起きるのか、と。

三 「現象の範囲」

フロイトが最初に投げかけている問題は、いかにして集団はその構成員に影響を及ぼすのか、というものである。ここではル・ボン（Le Bon, G.）の『群集心理』がフロイトの引き立て役として取りあげられている。フロイトはこの高名な著書から数多くの引用をしており、ル・ボンが割愛した事柄に言及するために自らの記述を遮ってもいる。ル・ボンの説明によれば、個々人は自らの独立した精神を指導者の威光にゆだねてしまうのだが、それはまるで催眠術をかけられ、一瞬の無意識に導かれ、魔術的な思考や全能の願いに左右され、神話により説き伏せられているかのようである。だがフロイトは、個人がかつての幼年期の状態へと退行するのはなぜなのかという疑問を提起する。さらにフロイトは、二つ目の先行研究として取り上げたマクドゥーガル（McDougall, W.）の『集団の精神』にも異議を呈している。『集団の精神』は、集団心理において、いかにそこで感情が強まり知性が低下するのかに力点をおいた研究である。知性に取って代わるのは、悪影響の伝染、模倣、暗示の受けやすさであるとされる。けれどもフロイトは、マクドゥーガルが強調したように追従（compliance）のメカニズムに関わっていくというよりもむしろ、もう一つの別の道をとる。集団の他者による影響を徐々に被ることの心理学的な意味をあれこれ考えるうちに、フロイトはリビドー理論と詩人の詩《うた》に目を向けていくのである。

愛としてまとめあげることのできるものなら何であれ、そのすべてに関係する欲動のエネルギーを量的な大きさ――現時点では計測不可能だが――として考察する際に、私たちはそれをリビドーと呼ぶことにする。私たちが愛と呼ぶものの核をなしているのは――それは一般に愛と呼ばれ、詩人たちが歌い上げてきたものであるが――、性的結合を目標とする性愛である。しかし私たちは、それ以外にも愛の名に関係しているものをそこから切り離しはしない。つまり、一方で自己愛、他方で親や子への愛、友情や一般的な人類愛、さらには具体的な事物や抽象的な理念への献身なども除外しない。……これらが目指すところは、すべて同じ欲動の蠢きの一表現なのである。……他の状況下でも、それらはこの目標の脇に押しやられたり、あるいはそれに到達するのを妨げられたりすることがある。にもかかわらず、自己犠牲や他者との近さを追い求めるといった形で、それらの同一性をそれと分かる仕方で維持するべく、常にその本性を遺憾なく保ち続けるのである。(1921, S.E.18: 90f.= 全集一七：一五六)

フロイトは基本的に集団心理を愛の問題を通して考えている。愛は、昇華されているとはいえセクシュアリティの代示であり、力であり、結果であり、その働きである。ここでフロイトは自身の反論についてはひとまず留保して、読者たちからの反論にとりかかる。愛とは、たとえ親子間にみられるもっとも無垢なそれであっても、無意識の性的な素地を含み持つものなのだ。「つまり、私たちはこう考える。言語は『愛（love）』という単語によって、それがどんなに多様に用いられようとも、あくまで正当なまとまりを生み出している。……だがそうは言っても、愛をこのように『拡大（wider）』解釈することで、精神分析は独創的なことなど何もなし遂げてはいないのである」(ibid. 91＝一五七)。

だが、この「拡大（wider）」という意味こそまさに、反論・対象・障害が立ち現れるところなのである。というのも、そうしたセクシュアリティの姿を変えた表れは、愛着や関心、理想、概念、願望、さらには本来性的であるとは思えないようなものまで含めて、そこにおけるあらゆる動機ないし目的を問題とするからだ。セクシュアリティの意味を拡大することがなければ、すなわち、セクシュアリティを生物学を超えて心理学そして文化的な生へと拡張すること（フロイトがすでに論じていたように、愛（love）という言葉はこうした機能を発揮している）がなければ、フロイトは集団の感情価（emotional valence）[20]について仮説を提示するように、あるいはその非合理性への探究へと乗り出すように、厳しく迫られていたことだろう。そうした読者による異議はさらに続く。もしセクシュアリティの目指すところが流転していくのならば、その起源と対象はもはや無関係であるということなのか。そもそも、あらゆる情緒的な結びつきがセクシュアリティに基礎を置くというのであれば、なぜそれにこだわりつづけるのか。フロイトは、異論を述べる者たちに対して次のように応答している。

> 精神分析は、こうした愛の欲動を経験的かつ事後的な観点から、またその起源に鑑みて、性欲動と

呼んでいる。「教養ある人々（educated）」の大半はこの命名を侮辱であると感じ、精神分析に「汎性愛主義（pan-sexualism）」という非難を浴びせかけることで侮辱の恨みを晴らそうとした。性欲を、何か人間の自然本性を恥じ入らせ卑しめるものと受け止める人々は、そうしたければ、「エロス（eros）」だの「エロティック（erotic）」だのといった、より格調高い表現を使えば良いだろう。私自身も、始めからそうすることはできたのだし、そうすれば多くの異論なしに済ますこともできたであろう。しかし、私はそれを望まなかった。というのも、気の弱さに譲歩することを、私は避けたかったからだ。この譲歩の道に迷い込むと、一体どこに行き着くことになるやら、知れたものではない。最初は言葉の上で譲歩することから始まるのだが、徐々に事柄そのものにおいてもそうすることになる。性を恥じいることで何か得られるものがあるとは、私には思えないのだ。(ibid. 91＝一五七―一五八)

重要なのは、愛とは個人心理学の基盤であるのと等しく集団心理学の基盤でもあるということだ。愛は複数の集団をともに纏めあげ、そこに所属したいと欲する思いの理由にもなる。愛の心理学を想定し、そのさまざまな主張のなかでもとりわけ困難なものに専心するなかで、フロイトはル・ボンやマクドゥーガル、その他彼を中傷する人々から距離をとっていく。事実、フロイトはこの小著の第四章までにおいて先達の論理を酷評するとともに、個人がその人生の始めからいかに社会的な存在であったか、またそれゆえに「群居本能（herd instinct）」を身に付ける必要などないのだということを示している。またフロイトは、この著作の残りの部分を、一つの偉大なつながりであり両価性の源でもある愛こそが集団を織りなすという考えの論述に費やしているのである。

四　欲動

ここでまた議論を中断して欲動とその運命について少しだけ論じておこう。フロイトの説く愛の心理学に含まれる感情的な力を理解するために、そしてそこで鍵となる主張——集団心理は愛という動機によって方向づけられ、愛の喪失によってその方向を見失い、さまざまな同一化によって目指すところが妨げられ、あげく指導者の魅力にとらわれてしまうという主張——を理解するために、われわれは欲動とその運命についてここでもう一度とりあげておく必要がある。

欲動（*Trieb*）という概念は、フロイトが示した仮説のうちもっとも難解なものの一つである。この概念は、セクシュアリティ、生と死をめぐる闘争、そして快・不快という問題にかかるフロイトの見解を補強するものでもある。ここには理解することが困難な二つの折り目がある。一つは、欲動という概念のあいまいさに付随する難しさである。欲動はそれ自体、解き放たれようとする内なる刺激と緊張を概念として括りだすための手段である。フロイトは欲動を圧し出されてくる運動として捉え、心理学においてはそれらを身体的な変化や作用が心的に表象されたものとして考えていた。もう一つの難しさは、その不確定性によるものである。欲動は、心的現実が快そして不快な感情を吐き出すための手立てと見なされる。事実、メタサイコロジーに関する論文を著した際に、フロイトは欲動を以下のように説明していた。

欲動は、心的なものと身体的なものの境界概念として私たちの目に映るようになる。それは、身体内部に発し心の内へと達する刺激を心的に代表するもの、すなわち心的なものが身体と繋がっているために心的なものに課せられている労働要請の値であると思われるのである。(1915a, S.E. 14: 122＝全集一四：一七二)

フロイトは欲動をその量と質の両面において理解していた。すなわち欲動には衝迫（*Drang*）、目標（*Ziel*）、そして対象（*Objekt*）、源泉（*Quelle*）があると考えていた。[21] メタサイコロジーに関する研究をしていた頃、フロイトは二種類の欲動を念頭に置いていた。性欲動と自己保存欲動である。一九〇五年の『性理論のための三篇』の記述にあるように、こうした初期の見解においては、セクシュアリティは広く分散し多形的であり、また倒錯したものとして捉えられている。衝迫や、さまざまな形をとる性の解放、そして対象をどう選ぶかというところなど、これらの要素は個人史のうちに積み重ねられてきた力によって形づくられる、愛のあり様を構成する。さらにそれらは個人がその幼年期以来、最初からずっと愛され続けてきたその構えをも構成しうる。とはいえ、こうしたそれぞれの要素はなにも自然に亢進していくわけではない。

フロイトは欲動を、その形を変えゆく性質という観点からも記述している。「対立物への反転、わが身への向き直り、抑圧、昇華。……対立物への反転は、子細に見れば、二つの異なる過程に分解される。一つは欲動の能動性から受動性への転換であり、もう一つは内容の反転である」（1915a, S.E.14: 126f.= 全集一四：一七七）。心理学においては、正反対に転じうる欲動とはただ一つのみ、憎悪へと落ち込む愛である。フロイトの考えでは、憎しみは愛よりも古くから存在している。集団の起源に取り組むフロイトの考察において、私たちはこうした主張をふたたび目にすることだろう。ともあれその初期の理論公式において、フロイトはセクシュアリティと自己保存という二つの欲動をふまえていたのであった。

集団心理学についての著書が発表される前年、『快原理の彼岸』（1920a）でフロイトは、上記の公式をエロスとタナトスないしは生の欲動と死の欲動の仮説へと変更した。この両者の作用と動きは、それぞれ結びつきを得てより大きな結合をもたらすもの（生の欲動）と、結びつきをほどき壊し、縮減し、原初の形態へと立ち戻るもの（死の欲動）とされたのである。なお、そうした欲動の不確定性については、不安と喪失の問題との関連で論じられることとなった。たとえば『続・精神分析入門講義』では、それらの欲動のあまりに尊大な様子が書き記されている。「欲動理論は、私たちにとってのいわば神話学のようなものである。欲動は神話のような存在であり、その不分明さたるや実に途方もないものなのである。私たちの仕事では、これら欲動から一瞬たりとも目をそらすことができないのだが、そのようにしていてもなお、これらをはっきりと見据えているという確信がもてない」（1933, S.E.22: 95＝全集二一：一二三）。

読者は次の問題を心に留めておくべきである。すなわち、欲動はある種の神話であり、さらにそうした神話的な機能を果たすものなのだ、と。欲動とは、記憶も言葉も存在しない起源に関する物語であって、同時にそうした物語を語る手段なのである。さて、ここで私たちは表象不可能なものを表象しようとする神話のパラドックスへと立ち返り、集団心理学の基底を成すものとしてそれを考察することにしよう。

五　「ヤマアラシたちの共棲」

『集団心理学と自我分析』の第六章までにおいて、フロイトは人の手による集団の例として教会と軍隊を挙げるが、その後、彼は以下の寓話にふれつつ個人の感情的な本性へと目を向けている。「ショーペンハウアーによる寒さに震えるヤマアラシについての有名な比喩に従えば、他者があまりに親しげに接近してくることには誰も我慢できない」（1921, S.E.18: 101＝全集一七：一六九）。凍えるヤマアラシたちは温めあおうとして身を寄せ合うと、毛の針が刺さる痛みで互いをはじいてしまう。人間同士の場合、敵意や好悪感情、触れられることによる痛み、離れゆくことへの不安といった要素を含まない情緒的関係など存在しない。このヤマアラシの喩えのなかにフロイトは、自己愛、言い換えればナルシシズムの種子を見ている。また各人が欲望を満たそうとするなかで支障を感じたり、他者とともに過ごすために自身についてのなにがしかをどうにか変えなければならないと感じたりするときに敵意が生じるということを、フロイトはこの寓話に看取している。彼によれば、集団はさまざまにナルシシズムへと制限を加えてくる。「自己愛は唯一、他者への愛、対象への愛においてのみ限界を見出すのである」（ibid. 102＝一七一）。集団のなかには新たなリビドー的な結びつきがあり、またフロイトが「もともとの目標から逸らされているが、だからといって、より少ないエネルギーで作用するわけではない愛の欲動」（ibid. 103＝一七二）と呼ぶものが存在している。この新奇な愛の形態は、それによってフロイトが同一化（identifications）を説明したところのものであり、また『集団心理学と自我分析』でもっとも分量が割かれている章が扱う主題である。

同一化はさまざまな情緒的な結びつきのなかでもっとも初期の形態である。同一化によって、世界は自分の内へと取り入れられる。こうした結びつきがどのように形づくられるか示すため、フロイトはエディプス・コンプレックスの考察へと目を向ける。エディプス・コンプレックスとは、換言すれば、人が最初に経験する集団心理としての家族内三角関係であり、愛と憎しみ、嫉妬、両価感情の激しい葛藤に満ち満ちたものである。ソフォクレス（Sophocles）の悲劇『オイディプス王』においてそうであったのと同様に、この熱情は思いのままに主導権を握り、その結果を知ることなしに、あるいは心理学的な意味づけを行わぬままに感情を行動へとあらわしてゆく。さらには、こうした感情的な出来事は、決して語りに起こすことができないのだ。

フロイトは子どものエディプス・コンプレックスを三歳から五歳のあいだに見定めたが、この時分の年齢では子どもはすでに言語や象徴化の段階に参入しており、性的な理論立てなしに自分がどこから来たのか知りたがり、そして自分なりの要求や疑問、世界に対する理屈を言葉に乗せて両親へと発することができる。それはなんとも不気味な場面である。わが子が片方の親と恋に落ち、もう片方の親をその障害と見なすのだ。そのとき子どもは初めて愛と憎しみ、そして両価感情の絡まりを経験する。あるいは同じ対象に向けられた真逆の感情を経験するのである。潜伏期に至るとこの激しい欲望は抑圧され、子どもは他の子どもたちの世界に目を向け、新しい対象を収集し、新たなつながりを形成できるようになる。この新たなつながりは、それ自体として知識を供給し同一性の資源となり、また所属と離脱をもたらすのである。

　このエディプス的なジレンマにより二つの異なる種類の情緒的な結びつきが形成されるが、フロイトはここにこそ集団心理の始まりを見ている。一方の親は子どもの将来に向けたモデルとしての役割を引き受ける可能性があり、したがって同一化の領域に留まることになる。これに対してもう片方の親は時を超えたいま現在における子どもの幻想としての役割を担い、フロイトが対象選択（choice of an object）と名づけるにふさわしい存在となってゆく。同一化を通して、その愛憎の対象のもつ特性が子どもの性格形成のための原材料となる。他方で、対象選択において子どもは、相手のようになりたいというよりはむしろ相手を所有したいと願い、それがセクシュアリティに係る心理の原料となる。これらの情緒的な結びつきには無意識の願望が影響しており、それゆえフロイトは大いに苦労しながらも次のように力説している。すなわち、自己の詩的な振る舞い（poesies）

における愛の状態とは、その影響ないし効果や行く末において無意識的であるのだ、と。経験の空想的産物であれ、自我の防衛機制であれ、さまざまに同一化されたものはいまだエディプス的な愛の物語とはなりえない。というのも、エディプス的な愛は実現不可能なもの、禁じられたものであり、それゆえ忘れ去られ抑圧されたものだからである。

同一化ないしは情緒的な結びつきの数々は、自我を生成し、投影し、他者の外的な世界へと参入するための手段となる。フロイトが作り上げた心理学は愛の概念に重きを置いており、それゆえに境界をもたない。投影と取り入れが自我の構造を変質させるからである。リビドー的な愛着のように、そうした同一化は共感や感情移入へと展開していくが、しかしまた失望とともに被害妄想や敵意といった潜在性をも顕わにする。当の子どもにとっての問題は、そうなりたいと願う「モデル(the model)」が障害へと転じることで、子どもの反抗に直面することになるということだ。「モデルとなる対象(model object)」が子どものリビドー的な空想の妨げとなるという事実は、フロイトに同一化の性質を熟考させることになった。すなわち、同一化とは部分的で、無意識的で、両価的なものであるという性質である。

要するに、同一化は始めから両価的なのであって、思いやりや親切心の表現に変わりうるのと同様、他者を排除したいという願望にも変わりうる。同一化は、リビドー編成の第一期である口唇期の派生物であるかのように振る舞う。口唇期においては、熱望され評価される対象は、食べられること

で体内化され、そのものとしては破壊されてしまう。(1921, S.E.18: 105＝全集一七：一七四)

それゆえ同一化はフロイトの用語としては一つの概念上の転換点を成し、自我および自我理想の生成を始めとして、非常に広範な領域にまでその射程が及ぶことになる。この多岐にわたる同一化の主題は、自我の防衛機制によって形づくられている。自我の防衛機制は、心的な生のなかでリビドー的な目標が禁じられる一つのメカニズムでもある。また、同一化が両価的であったのと同様、この防衛機制もつねに、無意識のうちに愛を攻撃性や敵意と等しく結びつける。フロイトの精神分析における知の対象の常として、同一化という概念はそのまったき可塑性と射程の広さゆえに精強なものとなる。同一化は自我に取り込まれることもありえるが、それは以前の状態への退行や抑うつ、孤立への退行を引き起こすのである。

徐々にではあるが、フロイトはエロスによるこうしたエディプス的な結びつきを、集団心理の基底をなすものとして説明していこうとする。だがその前に、彼はこの書の第八章「恋着と催眠状態」で再度の寄り道をする。ここでフロイトはふたたび、愛という術語が射程とする広大な地平を読者に思い起こさせる。フロイトの考えによれば、セクシュアリティの本来の性質、すなわち多形倒錯（polymorphous perversity）ゆえに、愛は広大な射程をもつのであった。ただ愛という言葉だけが性的な欲望を愛情へと変質させ、さらにはさまざまな観念や抽象概念としての愛を表現するためにその語を用いることができるのである。抑圧、あるいは情動を観念から切断することにより、意味の変質がおこるとフロイトは考えた。だが同時に彼は、言語そのものもまた婉曲表現や一般化、反語法などによって、そうした特質をもつのだと断ってもいる。たとえエディプス的な欲望が減退しても、抑圧に最後の別れを告げることなどできないのだ。「よく知られているように、それ以前の「官能的（sensual）」な傾向性は無意識の内に多かれ少なかれ強力に保存され続けており、その結果、もともとの傾向性はある意味において存在し続けるのである」（1921, S.E.18: 111＝全集一七：一八二）。

抑圧があとに残すものは、かつての情緒的な結びつきとの新たな関係、すなわち理想化である。理想化とは言い換えれば、対象を過大評価し、その諸々の特質を大袈裟にとらえ、たいていはその対象にあらゆるやり方で献身と自己犠牲を捧げてしまう、このような傾向のうちにみられるナルシシズムとその名残りが変質したものである。理想化はまた、無意識の内に残存しているエディプス的な憧憬に蓋をする、ある種の報われない愛にもなりえよう。あらゆる同一化はセクシュアリティの残りものである。以上を踏まえ、フロイトは以下の定式を考案する。

> 集団のリビドー的構成のための定式［を呈示しよう］。……その集団とは、一人の指導者を持ち、過度の「組織化（organization）」によって二次的に一個体の性質を獲得できなかった集団である。そのような原初的な集団は、相当数の個人から構成されている。個々人は同じ一つの対象を彼らの自我理想に据え、その結果、自らを自身の自我に互いに同一化してしまったのである。（1921, S.E.18:

116= 全集一七：一八七—一八八頁、傍点は原文)

集団心理はそれが外的な組織機構であるのと同じくらい、内的な事象でもあるのである。

六　社会的な精神と原始群族

たしかに集団心理は、エディプス的な闘争とそこで打ち砕かれた希望、そこからなされる妥協の繰り返しであるかのように見ることができる。こうした終わりなき不気味な経験はいずれも集団心理の一部であるが、しかしフロイトの説明によれば、その原初の葛藤、すなわち愛を求めるべく繰り広げた闘争は決して完全に消え去ることはない。荒々しい恨みと敵意の中核部分は残り続け、親の愛と文化的な禁止とが同一化した総体としての超自我は、自我の罪責感が充分な基準に達していないといった形で証言するのである。

やはり争点となるのは、あらゆる集団においてみられるその性的な基盤である。同一化が現出するには生の欲動が必要だが、その生の欲動はやみくもに矢を放ち、あまりにも気まぐれに対象同士を結びつけるのである。フロイトが愛に耽っている状態を、自己を他の権威者の影響下に明け渡してしまう催眠と同列にあると位置づけていた理由も、ここにあるのかもしれない。しかしフロイトは、『集団心理学と自我の分析』の第九章において、個々人が「群居本能(a herd instinct)」に従い、また理性的な思考を働かせることなしに無分別に導かれてしまうという見方を退けている。子どもは誰の後でもついていくわけではなく、実際は自分の両親にこそ近くにいてほしがるものだとフロイトは読者に念押ししている。子どもが集団での感情を経験するまでには時間がかかる。あらたに集団という観念が心理的に現実のこととなるのは、彼らが学校に行かされてからなのだ。それ以前にあっては、家庭の場において、個々の子どもたちのあいだに競争が存在する（それが本当の競争か想像上の競争なのかはさておき）。年下の子どもは年上の子どもの自由を羨み、また年上の子どもは両親が赤ん坊にばかり気を払うことに対して嫉妬の念を覚える。親の唯一人の子どもになりたいというエディプス的な願望のなかにひそむ敵意については、すでに述べたとおりである。だが、こうした空想をうち壊すのは他ならぬ両親であり、またひとたび学校に行くようになれば、他の子どもたちがその空想を壊してくることになる。同一化にともなう元々の敵意が学校生活の構造を通して再び回帰してくるのである。

そのようにして、子どもたちの群れの中に、集団の感情、共同体の感情が形成されるのだ。そして、それは学校の中でさらなる展開を示す。この反動形成がなす最初の要求は、公正さ、全員に対する等しい取り扱いの要求である。学校の中でこの要求がどれほど声高に、そして容赦ない形で表明されるかは、よく知られているところだ。自分はどうせ贔屓されることがないのだから、少なくとも皆の内の誰一人贔屓されるべきではない、というわけだ。（1921, S.E.18: 120= 全集一七：一九二―一

九(三)

社会的な公正さを求める私たちのもっとも利他的な要求のうちにさえ、フロイトはセクシュアリティおよび原初の抑圧された敵意の痕跡を認めている。そうした理解にあっては、平等な処遇が全員に対する処罰へとすみやかにその形を変えうる。人間のあらゆる声高な要求は、先史時代の影響力とトラウマから自由ではない。無意識は、意味づけがおこなわれる以前の時代、そして熱情が幅を利かせていた時代に対する証言なのである。フロイトの集団心理の理解では、無意識は意識それ自体を壊してしまう力であるほどに強く、意識にとって根源的なものなのだ。学校生活は読者にこうした無意識的な出来事の実例を思い起こさせてくれるかもしれないが、しかし一方で本書の次の章において、読者は神話のなかに、そして繰り返される暴力や熱情、運命に対する抗いというサイクルのなかに、ふたたび足を踏み入れさせられることになる。起源をめぐる観念は空想を介して形成されていくのである。

「集団と原始群族」というタイトルが付けられたその章は次のように始まる。「一九一二年に私は、人間社会の原型は一人の強力な男による放縦な支配を受けた群族だった、とするチャールズ・ダーウィンの推論を取り上げた」(1921, S.E.18: 122= 全集一七：一九五)。ここでフロイトはかつての著作『トーテムとタブー』に言及している。『トーテムとタブー』では、まず原始群族の神話が考察されるが、そこでは群族を率いる父親に対し、性的な嫉妬にかられた兄弟たちの集団が結果として父親を殺してしまう。そうして罪悪感に悩む彼らは、掟をさだめ近親姦を禁止することになる。トーテムとタブーをめぐる神話においてフロイトは、欲動が表象を得るに至る動きを描写する一つの道筋を見出している。セクシュアリティがなんらかの表象を獲得できたとき、文化が創造されうるのである。

なにより集団心理が個人の心理に先立つものであることを論じる際の手立てとして、次いで集団の指導者の説明のつかない不気味な力を検討するにあたって、フロイトの集団心理学の理論はこの神話に大きく依拠している。

こうして、暗示という現象の中で示される集団形成の不気味で強制的な性格は、それが原始群族に由来するという事実に帰して説明されてしかるべきだろう。集団の指導者は依然として、恐れられている原父であり、集団は相変わらず、容赦のない暴力に支配されることを欲しているのである。それは極度の権威中毒である。……知覚や思考の作業にではなく、エロス的な結びつきの上に基礎づけられた思い込みにとらわれているのだ。(1921, S.E.18: 127f.= 全集一七：二〇二―二〇三)

自我理想として取り入れられた集団の理想は、指導者に対する成員間の共有された感情によって生みだされるのだが、しかしそれはすぐに個々人の自我に代わるものとなる。[こうした指導者を擁する集団において]情緒的な結びつきの類いは信じられないほど不気味に作用する。実にフロイトは、原始群族と原父の暴力的な神話をふまえつつ、集団心理における圧力そして退行を「極度の権威中毒」（ibid. 127＝二〇三）と断じるのである。

もし原始群族の神話を集団形成の最終形（*telos*）と捉えるならば、一人ひとりの個人が誕生しゆく気配は減退し、またあらゆる異論の兆しは失われ、主体は客体に置き換えられてしまうように思われる。ほとんど直感に反する形で、フロイトは自我を、集団心理とその古の歴史が危機に瀕するぎりぎりのところにあるものとして分析しようと試みている。とはいえ彼が著作の終盤でようやく取り上げるこの集団とは、ある種、意識の内部にあるものである。すなわち、無意識、自我、自我理想のあいだの葛藤という形をとる意識の内部である。もはや物自体としての理解をこえて、集団心理は人間の内面における何とも言いがたい不気味な対象関係となり、心理的な自己という新たな起源をそこに設けるのである。

七　「わき道」にて

フロイトは補遺で以下のように結論づけている。「私たちはわき道に踏み込むことをさしあたり避けてきたが、そのわき道ではいくつもの洞察が私たちに手招きしていた」（1921, S.E.18: 134＝全集一七：二一〇）。フロイトは「想像を前進させること」（ibid. 136＝二一三）で、未解決の問題への糸口をつかんだ。さらに彼は、個人心理学が他者との現実的な関係性を視野の外に置くにあたり措定した例外的な条件とは何かというかつての問いを把握しなおすにあたって、いくつかの手立てを提案している。加えてこの補遺では、人類史に分け入るうえで必要とされる起源をめぐる物語、あるいは存在をめぐる問いをいかに心理学は象ることができるのか、検討されている。逆説的ではあるが、それ自体は歴史からかけ離れたものであるにも関わらず、私たちを歴史のうちに急き立てる各人の語りとしてのナラティブに、フロイトは準拠しようとしていたのである。

この補遺でフロイトは、昇華について控えめながらに述べている。性欲動から、エロス的でありつつもより高みにある表象を生み出すために、自我に付された知。この知とのあいだに取り結ばれた精神分析的な対象関係が昇華である。その昇華された表象は、欲望に方向づけられ、また深い愛着をもたらし、主観をもってそこに入り込むことを求めてくる。こうした自我の生成過程で、とりわけその想像力という点において、自我は自由に振る舞い、他者との関係性を無視してしまうことがある。その意味では、集団心理に関するフロイトの著作は、創意に富んだ仕事の良い例だと主張する人もいるだろう。フロイトはそのページごとに、一見すると整合的ではない着想を差し挟んでいるが、それが読者の感情を害するかもしれないことを基本的に認めているのである。

しかしながら、教育もまた別のそうした好例である。自我は、未解決の問題である昇華を教育のなかにも持ち込んでくる。だが、各人が内なる葛藤を象徴化していくことに関心を抱き、そうした個人の関心を教育がいくら当てにしたとしても、この昇華は教育されうるものではない。協同学習や複数のロールモデル、社会化といったものを理想化し、それをただやみくもに繰り返すのであれば、そこで教育はまた完全に失敗してしまう。情緒的な結びつきに対するこうしたアプローチは、潜在的な緊張を裡に含むものである。そうした緊張のあらわれとしては、個人は集団のなかで教育を受けながらも自主的に考えるように、自身の精神を陶冶するように、そして不安や先入見を乗り超えるように、さらには集団生活に縫いつけられて自身の思考力を損ねてしまうような行動化（acting out）を克服するように、それぞれ促されるというものがある。だが、学習に関する支配的で常識的な言説は、この教育的世界のただ一側面のみを誇張してしまっている。すなわち、生徒たちは行儀よく振る舞うべきで、また同一化には意識的なものしかないとする側面である。

集団の心理を精神分析学的に説明すると、さらにいくつかのジレンマが見えてくる。フロイトの見解によれば、教育者が生徒に対して学習過程における満足を先延ばしにするよう求めるのは必要なことであるが、それは同時に状況を悪化させるものでもある。ここで必要だというのは、教育は私たちに時間を教え、道徳に取り組み、罪責感を感じるよう求めるからだ。また状況を悪くするというのは、一方で他者との現実的な諸関係が必然的に無視され見落とされてしまい、他方では他者とともに一個の主体となることで自身の生を語り、経験から得られたところをはるかに超えた表象と抽象概念の葛藤のうちへと落ち込んでしまうことになるからである。フロイトにとって教育とは、自我によるやり直しの機会なのだ。だがしかし、自我の動きとしては集団心理から個人心理へと至る。教育の進行も同様の形で考えることができる。教育の実践は、集団心理においても求められる規範化と標準化への誘惑を突き抜けていかねばならない。もし教育を不可解で不気味でもなく、あるいはあきれるほどに馴染み深くもなく、それ以上のものにしたいのであれば、規範化と標準化はともに客観的な事実としてではなく、複数の語りの問題として理解される必要がある。もしそうした社会的な強制力と従順さのあり様を、お仕着せの現実、ひいてはただ従うべき現実というよりはむしろ、じっくり腰を据えて考えるべき対象として扱うことがかなうのならば、教育はその性質を一変させることができるだろう。

空想の旅に遊びつつ、この補遺は、私たちに以下の問いの手掛かりを示してくれている。なぜフロイトは感情世界を描写するのにこれほど多くの神話を持ち出してきたのか、精神に制約を与えてくるもの一般に対してフロイトがそこまで夢中になったのはなぜなのか、集団の心理を考えるにあたり彼がまず個人心理学から話を始めた理由とは何なのか。

その当時、不自由さゆえの憧れの思いから、幾人かの個人が集団から離脱し、父親の役割に身を置こうと動機づけられたとしても不思議はない。これを敢行したものは最初の叙事詩人だった。その一歩は彼の空想の内で敢行された。詩人は、憧憬に適うように現実をねじ曲げた。英雄神話を捏造したのだ……。そういうわけで、神話とは、個人が集団心理から踏み出る一歩を標すものである。……この一歩を踏み出し、そのようにして空想の中で集団から身を振りほどいた詩人は、……現実にはしかし、集団に戻っていく術を心得ている。というのも、彼は集団のところに出かけていき、自分が創作した英雄の行為を物語るのだから。この英雄とは、根本的には、彼自身に他ならなかった。

そのようにして、彼は現実の中に降り立ってゆき、彼の聴衆を空想の高みに持ち上げるのである。

（1921, S.E.18: 136f.= 全集一七：二一三―二一四）

自我が孕むパラドックスとは、この自我はすでにして世界に存在しており、そこで生きていく方法を見つけなければならないということである。詩人は、抵抗をともなう語りとしてのナラティブの反乱によって、つまりは想像の世界へと訴えかけることによって、このパラドックスの解決を図る。詩人は感動的なストーリーを組み立てる。そこで人々は自分自身をあらためて見つめ直すことができ、自らのもつ［ヤマアラシの］針についてよく考えることが可能となる、そんなストーリーを組み立てるのである。集団心理は、不気味で何とも形容しがたい宙づりにされた意味になにかしら表象を与えることで、また新たな意味の宙づり状態を創出し、しかもそうすることで人は他者との現実的な諸関係を無視しなければならないはめにもなってしまう。そのような新たな意味の宙づりに対し、詩人はなお抵抗するのである。

この点こそ、フロイトが教育における快原理と現実原理の問題に取り組もうとしたところなのかもしれない。教育は自らそこに足場を置く、どうにも不気味なエディプス的危機を乗り超えることができるのかという問いを、ここに投げかけようとしたのかもしれない。そう見ると、集団心理とのさまざまな同一化から、いかにナラティブの反乱が生じうるのかという、大きな疑問が浮かび上がる。教育において、同一化ないしは集団心理のなかの情緒的な結びつきは、昇華され、形象的で寓意的な事柄の変質に資するものとなる必要がある。このフロイトのテクストは、そのように示唆しているものとして読まれるべきなのかもしれない。こうした理解の地平においては、読み書きの能力を獲得することで、想像力はそれ本来が備え持っていた象徴化の能力と結びつき、意識をすっかり打ち負かしてしまうのである。さらに重大な疑問もある。いついかなる年齢にあっても、教育をめぐる諸々の条件は、原初的な敵意への回帰に勝るものをもたらしうるのだろうか。またそうして、学びとはすなわち権威を希求する思いと被罰欲求に他ならないとする、無意識の神話を打ち砕くことになりえようか。教育者と学習者は詩人の責任を請け負い、教育の力さらにはその集団心理を物語ることができるのだろうか。自我の分析とは結局のところ、言語による作業である。それは詩を語る者が、詩的な自由さ／詩的許容（poetic license）を、語りに内在するナラティブの反乱を、そして詩的に語ることの正当性／詩的正義（poetic justice）を求めるところから始まるのである。

第五章　未解決の問題としての「乱暴な」教育

（五）教育（education）は、端的にいって、快原理の克服を促し、快原理の現実原理への置き換えを進めさせることだといえる。教育はこの目的のために、自我に影響を与える発達の過程を促進させようと努めるのである。教育者はこの目的のための報酬として、愛を提供する。したがって、わがままな子どもが、何があろうとも自分は愛を失うはずはないと信じるなら、教育は失敗に終わる。

（八）無意識の（抑圧された）過程のうち、もっとも奇妙で、それを探求する者でさえも徹底した自己規律の訓練によってしか習熟することのできない特徴は、そこでは現実の吟味がまったく行われないということである。無意識の過程では思考の現実が外的現実と同じものとみなされる。そして願望は充足され、そこで起こる出来事は古い快原理の支配のもとで自動的に起こるかのように感じられる。

ジークムント・フロイト「心的生起の二原理に関する定式」

（1911, S.E.12: 224f.= 全集一一：二六五―二六六）

一　何が問題なのか

フロイト（1911）は、快原理と現実原理に関する思索を、冒頭のように素描している。快原理と現実原理は、ともに心の基本原則である。この思想は、フロイトの夢理論の到達点を継承したものだ。この理論は、根源的な願望やそれに起因する「乱暴な教育（wild education）」の有する力が、心の内部に作用してそれを混乱に陥れ、さらに外界の他者へと向けられることを示している。しかしながら、フロイトが上記引用の（五）で、「古い快原理（the ancient pleasure principle）」をその迷いから目覚めさせるには、現代の教師たちが一丸となって取り組む必要があると述べていることに着目してほしい。本章の後半では、教師自身の快原理という藪のなかに踏み込んで、乱暴な教育が教師個人の幼児期に根ざしていることを検討する。だがここではまず、フロイトが教師の責務を、子どもの願望を受容しそれを解釈することだと考えていたことを確認しておきたい。教師の仕事は、自動操縦のようにできるものではない。教師には、子どもが無条件に愛を得ることができる状態を終わらせる責任がある。報酬には罰がつきものだが、その最たるものは愛を失うことである。むろん生徒も、決してそうした事態を知らないわけではない。賞罰は心の内部でも発生するからである。

教育は征服を試みては失敗する負け戦のようだ。成功と失敗にこだわり過ぎる現代社会ではいっそうそのように感じられる。だからこそフロイトは、そうした抵抗（objection）を分析するよう勧める。フロイトは精神分析への抵抗を何度も経験してきた。だからこそ、教育という問題についてもその内部に目を向け、彼の理論に抵抗しているものとは何かを問い直した。私たちは始めに、精神機能に関する一九一一年の論文「心的生起の二原理に関する定式」をとりあげ、フロイトがなぜ精神分析の新たな課題に取り組まねばならなかったのかを検討する。フロイトがこの論文を執筆したのは、「現実の外的世界の心理（学）的な意味を精神分析の理論体系に取り入れる」（1911, S.E.12: 218＝全集一一：二六二）ためだった。この心理（学）的な意味（psychological significance）という概念を言語化するのは難しい。心理的な意味は、一方ではまったく捉えどころがなく、個人的なものであり、脆く、外部からの指図を受け入れないが、他方では外的世界に意味を与え、外界との関係を構築する基盤でもある。しかしながら、心理的な意味は理論にとって謎に満ちた新たな対象でもある。心理的な意味は、子どもの「どうして？」という答えにくい質問が出た途端に、容易に崩れ去ってしまうものでもある。精神分析理論はこの難問にはお手上げだし、この問いの影響を受けざるをえない。前章で検討したように、フロイトは自我をより深く考察するために、集団心理学という領域を精神分析のうちに取り込もうとした。それに対して本章では、フロイトがいかにして心理的な意味の世界を精神分析理論に取り入れようと努めたのかを検討する。教育理論も、フロイトの理論展開に劣らず大胆なものでなければならないと考えるからである。(22)

ここで私たちは、教育学の世界に、現実、快、理論といった未解決の問題（unsolved problems）を導入し、願望で満たされた精神において、心理的意味とはいかなるものなのかを問いなおしたい。

精神分析にはさまざまな理論的含意があるが、それを応用すると、教育を表現し解釈する手法はどのように変化するのだろうか。フロイトは「心的生起の二原理に関する定式」全体を通して、この世界を意味のあるものにしたいという願望が精神を形づくるのであり、意味は現実からの乖離によって生まれることを示している。自己は自らの心の機能を考察することを学ばねばならない。そしてそれらに心理的な意味を与え、突発的で衝動的な無意識の願望に支配される誘惑に抵抗していかねばならない。しかし同時に、自己はこうした願望に頼らなければ思考したり想像したりすることすらできない。この葛藤は自我にとって危機的な状況でもあるが、同時に学習の可能性をも示している。したがって私たちは、教育にも同じような葛藤があると考えねばならないだろう。教育も即時的な満足を先送りし、意味と格闘し、不確かさに対処せねばならない。フロイトは心理（学）的な意味に着目したからこそ、精神分析を学習（学び）という営みにとっての新たな倫理へとつくりあげることができたのである。教育はそうした未知の領域に足を踏み入れなければならないと私たちは考える。その道は険しいものになるだろう。

本章では、フロイトの教育に関する思索に見られるジレンマに迫っていく。その際の私たちのアプローチもまた乱暴なものになるだろう。私たちは、フロイトと私たち自身のナラティブの反乱（narrative revolts）を用いることで、フロイトの思索の歩みに切り込んでいくことにしたい。教育の展開にともなう大きな問題は、教育の開始はその後の教育の展開にどのような影響を与えるのか、そして教育の世界が葛藤をどのように修復していくのか、ということである。この課題はフロイトの思考の歩みを辿るものである。フロイトの思考の歩みの背後には、この課題が常に存在した。教育の力は、事後作用（deferred action）という線にしたがって進行する。たとえば、フロイトが著作をものしていくなかで、精神分析の知見を揺るがす大きな地殻変動が何度も起こり、確固とした地盤であったはずの精神分析理論は、そのたびに大きな変更を余儀なくされた。彼の著作はさらに、過ぎ去った過去を構築すること、あるいは反対に幼児期健忘による学びへの抵抗や、無意識によって葬られ、そのなかに保存されているものによる抵抗をも概念化している。教育とは未解決の問題であるというパラドックスにおいてこそ、フロイトの思考様式は本領を発揮したと理解することもできるだろう。この最終章では、フロイトの著作を配置しなおすことによって、彼の教育へのアプローチを再構成したい。すなわち論文「心的生起の二原理に関する定式」に、メタサイコロジー論や後期の欲動論を差し挟んだり、反対に愛を求める願望が知識、道徳、喪失へと拡散していくというフロイト初期のテーマに立ち返ったりする。この手法は、集団心理学を論じた前章でも採用したものである。なぜ、フロイト―精神分析―教育が一本の線でつながらないのか、読者はもうおわかりだろう。本論は、フロイトの著作を行きつ戻りつと往還するからである。ただこの方法によってのみ、フロイトによる学習のメタサイコロジーを心理的意味という問題に関連づけることが可能になるし、脆く儚いはずの教育が完成願望を有することの危うさについて考察することができるのだ。

私たちは、心的装置を描き出すことがはらむ問題を、教育そのものが内包するジレンマという観点から示すことにしよう。このジレンマは意味と経験との不均衡や葛藤に関連している。だが、教師がこのジレンマに出会うためには、彼ら自身がありきたりな思考の様式を超えた考え方によって教育の持つ意味を広げようと試みなければならない。本章冒頭のエピグラム（八）は、私たちが注意すべき点を示している。それは、快も現実も知ることが困難だということである。だからこそ私たちは、新たな学習理論によって、学習者の心理学的な力学、リビドー性、そして外的世界の他者への転移に注目することが、どれだけの意義を持つか検討する必要がある。この新たな理論を、本論では乱暴な教育と名づけて検討しよう。この新理論は、教えるという営みに付随するさまざまな困難を強調するものとなる。人はいかにして自らの存在を受け入れることができるのか、そして教育という営みを成立させる条件とは何か、ということこそが大きな課題となるのだ。

二　心理的な意味の獲得

精神分析が関心を持つのは、意味の問題である。したがって心のメカニズムは機械的なものであってはならず、心理学的なものとして理論化されなければならない。心は柔らかく脆いものであり、他者が存在する世界からの影響を受けやすいし、自らの切望や空想、欲動、欲望によっても傷つきやすい。そのためフロイトは人間の本質を、幼少期、未熟さ、長期間に及ぶ依存といった要素によって構成されるという事実から理解しなければならなかった。そして人間が外的現実と内的現実の双方に目を向け、それらを認識し意味を付与することが、人間の本質にとっていかなる意味を持つのかを考えざるをえなかった。何かを知る前に感じ取るとはどういうことなのか。また不安と満足を解消するとはいかなることなのか。フロイトは、人生の最初期では心理的な意味はまだ形づくられておらず、それは成長するなかで獲得されると考えた。心を形づくるのは内的な葛藤と外的な葛藤である。快原理と現実原理は、愛と憎しみ、両価性をもたらし、学習のメタサイコロジーがたどる運命[23]、それらの行く末を形づくるのである。

この一九一一年の小論「心的生起の二原理に関する定式」は、精神分析理論がいまだ楽観的な段階にあったことを示している。私たちはこの論文を「未解決の問題（unsolved problems）」という観点から検討し、精神分析と教育の関係を論じる際の出発点とする。フロイトは、幼少期に受けた乱暴な教育は、長い間持続して、心の根幹をなすことになると推察した。フロイトはその証拠を、幾重にも折り重なった願望のなかに見いだしている。その願望は、原初的な寄る辺なさ、苦痛、そして叫びといった不完全な力、さらには食事を与えられ、抱きしめられ、愛されるといった満足によって掻き立てられる身体的な出来事によって織りなされている。こうした身体的トラウマから解放されると、幼児はただちに、注意、幻想、満足感の記憶、善悪の判断、身体的反応、思考といった行動をとるようになる。だが、現実世界に参入していくというこの道程には、新たな理論的問題が生じることになる。その問題とは、いかにして願望が二の次となり、原初的なトラウマに対する防衛が生み出されるのかということだ。この大いなる発達の前進に関しては、後ほど検討することにしよう。私たちの当面の課題は、幼児の身体に生じる感覚や興奮や苦痛が、他者の愛を無条件に必要としているという事実である。この未成熟さが堆肥のごとく積もり重なったものこそ、フロイトにとってのいにしえの理論的材料なのである。精神の領野に関していえば、フロイトは常に最初期の身体的経験が心的領域に永続的な記憶痕跡を刻みこむことによって、心のなかに連想経路が形づくられると想定していた。フロイトの見解では、空想や夢、思考、苦痛は決して個々に独立しているものではない。それらのすべてが心を、そして心を描きだす心理学を形づくるために必要とされるのだ。

フロイトは必ずしもこの論文に満足してはいなかった。というのも同論文では、心の発生や思考の形成について概要を示すことしかできなかったからである。とはいえ、そこで描き出された骨子は、後にエス、自我、超自我という第二局所論において肉付けされ、精神の特徴はかなり詳細に描き出されることになる。フロイトは、トラウマが回帰する欲動の動きを考察し、集団心理の研究では独自の方法で現実原理の問題に取り組み、神話や文学を用いて情動の典型的なモデルを示した。外的現実、つまり主体が直面する世界は、愛とその喪失という心理学、すなわち一つの心的過程を経由しなければ立ち現れない。フロイトの後期理論では、現実と快の関係は教育問題と同様により複雑なものとなっていく。とはいえ心的装置が、意識による意味づけや願望の動機づけとは一致しない衝迫や緊張、欲動や諸機能の体系として、そして現実からの離隔を招くものとして捉えられている点は一貫していた。

この初期論文では、快原理から生まれる願望が性的な探求心を駆り立て、主体をとらえて不安定にするとされていた。それに対して後期の著作では、衝迫や生と死の欲動という形で、新たな抵抗・対象・障害といったものが心の構造に取り入れられることになった。だがこの転換によって厄介な問題が生じる。その一つは、心理的な意味はなぜ、いともたやすく消失してしまうのかということである。この問いに対してフロイトは、一九二〇年の『快原理の彼岸』および一九三〇年の悲観的な文化論『文化の中の居心地悪さ』において優れた回答を示しているが、この二論文については、後に検討することにしよう。さしあたりここで言えるのは次のことである。「心的生起の二原理に関する定式」の論文全体では、さらには後の理論展開においても、フロイトは一貫して、思考の倫理とは、相容れない観念を心のうちに留め、安全や自己保全や即時的な満足を求める欲求と、愛の希求が入り交じって形成される身体の衝動的な行動を先送りする手段だと考えていたことである。

フロイトが心理的意味という問題をはじめて取り上げたのは一九一一年のことだった。しかし彼の理論に内在するさまざまな問題に踏み込めば踏み込むほど、その理論はさらなる困難を抱え込むことになった。すなわち、主体が影響を受けやすいとして、何がもっともトラウマとなりやすいのか。それは快なのだろうか、それとも現実なのだろうかという問いへの回答は、ますます困難になっていった。これこそフロイトが教育にもたらした未解決の問題の核心である。本論ではそれを学習（学び）のメタサイコロジーと呼ぶこととしたい。フロイトが教育者たちに送る唯一のアドバイスは、親や分析家へのそれとまったく同じものである。つまり「世界の真実を伝えよ。そして人々が願望充足的な思考を乗り超えられるよう援助せよ」というものだ。フロイトはもちろん、この助言がもたらす困難も知っていた。世界の真実はすべての人に過酷な現実を突きつけるし、生きるための準備といったものは現実には存在しないからである。

ここで、フロイトが「思考（thinking）」という言葉で何を言おうとしていたのかを説明しておこう。思考というものは、他者を求める身体的欲求から生じ、感情的な性質に真実味を与えるものである。思考にとってその考察対象はまさに当の主体なのだから、思考はその本質からいって、私たちにとってもっとも個人的なナラティヴの反乱に他ならない。すなわち思考とは、自己という物語に亀裂をもたらすものなのである。思考は、自我がこの世界でかつて体験した満足の対象を、心のなかで再度見いだそうと努力することによって初めて生じる。フロイトは思考を、感情が生み出すものであり、リビドー的な結びつきであり、関係において生起するものだと考えた。思考は強迫観念や被害妄想の影響も受けるし、否認や現実逃避といった自我の防衛機制の影響も受ける。思考は対象の不在と消失を前提としている。考えるということは、現実原理と快原理との相違を想像し、象徴化し、理解することである。これは不整合で相容れないものを抱え込むことを意味するのだから、思考とは、精神が苦痛に耐えるための能力といえる。思考は、人が言語を獲得した後にようやく、想像によって得られる快感と結びつき、物事が変更不可能であることをある程度は慰めるよう作用するようになる。フロイトは「心的生起の二原理に関する定式」（1911）において、思考とは「本質的に実験的な行為」（1911, S.E.12: 221＝ 全集一一：二六二）であると述べている。不確実な世界に参入していくためには、ただ形ばかりの見せかけの思考ではなく、思考そのものが必要なのだ。

その道理からいっても、「心的生起の二原理に関する定式」（1911）に教育に関する見解が登場することは理に適っている。結局のところ、学校の目的の一つは今なお、相容れない経験が生む方向性の違いから考え方を学び、知という抽象的な世界に出会うことにある。つまり、どのような教育であれ、心のありようを変えるために、さまざまな経験を提供するのである。しかしながら、こうした教育の作用が実際にどのように感じられるかを検討するためには、教育独自の心理学、いいかえれば教育に特有の心の働き方に関する理論が必要となる。その心理学は、現実原理と快原理とを問題化するものでもある。教育者の表現が厳しすぎる場合や、逆に穏やかすぎる場合には、教育は失敗に終わるかもしれない。教育学において、伝達と受容はまさに相反するものである。同様に、知識を得るとは既知のものを未知のものに置き換えることを意味するのであり、学習は相容れない思考をもたらす。実際の教育も、快原理と現実原理という精神の二原理への脅威や危険を示している。そして学習にともなって、抑圧や抵抗、知性化、否認といった自我の防衛がひきおこされる。さらに、教師は感情を喚起する存在である。教師は親や文化という権威を体現し、自我理想および超自我として振る舞い、エディプス的な葛藤と集団心理への同一化を引き起こす。教師は、そうした感情の世界や心的現実を回避することはできない。だからこそ教師が行う教育という名の賭けは、結果がはっきりしている。それがもたらす帰結は、無知か知か、欲動か昇華か、無意味か意味か、幻想か悲哀かのいずれかなのである。

学習は現実と快との葛藤に影響を受ける。こうした教育の心理学的側面を、私たちはフロイトのパラドックスと名づけよう。愛は学習のなかにあらかじめ埋め込まれているのだが、まさにその愛を失うことへの不安が、学習自体を見えにくくしてしまう。喪失、不在、時間といった観念は象徴化には欠かせないものだが、学習という局面に無意識が登場するやいなや、それらの観念は直ちに消失してしまう。フロイトが述べるように、快原理は思考と現実を同等視し、主体と客体の違いを認めず、現実をまったく考慮しない。無意識は引力のように作用する。無意識の性質、衝迫、目的、対象は、自らの権威をうち捨て、判断能力も手放して、満足を得るために全力を尽くす。快原理こそ心という舞台そのものであり、この原理を放棄することは不可能なのである。

「心的生起の二原理に関する定式」で示されたフロイトの見解によれば、芸術家の多くは、この混沌とした世界に出入りする方法を知っている。彼らは想像力を用いて快原理の内部で作業することによって新たな現実を創造し、そこに心理的意味を表現する。現実はこの変換作用を経て、語り(narration)と解釈という問題圏に取り入れられる。フロイトはこの精神機能に関する論文を著す数年前に執筆した「詩人と空想」という短い論文においてこの点を強調していた。

遊んでいる子どもは皆、自分だけの世界を作り出すことによって、あるいは、彼の世界のさまざまな物事を自分に都合よく秩序づけ直すことによって、詩人のように振る舞っているのではないだろうか。子どもがその世界を真剣に受けとっていないと考えるのは間違いだろう。むしろ逆に、子どもは非常に真剣に遊んでおり、その世界に膨大な量の情動を注いでいるのだ。遊びの反対は、真剣ではなくて現実なのである。（1908, S.E.9: 143f.＝全集九：二二八）

芸術家は快原理を、想像力や空想上の戯れによって表現する。それこそ昇華への王道なのであり、それはすべての人間にとっても同様なのである。

他方で、多種多様の苦しみこそが、教育を愛の心理学へと結びつける。教育は、不安なしには遂行することができない。この情緒的な事実は、最初期の教育に重くのしかかり、多様な症状の記録庫を形づくる。そして最初期の教育は、無意識の観念化や抑圧、反復強迫、抑圧されたものの回帰などへと変化し解消されることになる。人生は乱暴な教育によって始まる。乱暴な教育は、家族内の力学や集団心理における取り入れ、投影、同一化をともない、主体の欲望を転移に向けて活性化するが、同時にそれによって情動や不安の残滓をもたらすことになる。不安のない教育は存在しないということこそ、未解決の問題なのである。不安が強すぎると主体は圧倒され、防衛や禁止、妄想のうちに身を潜めてしまう。しかし不安が弱すぎると主体は活性化せず、世界から孤立してしまうことになる。

本章の冒頭に引用したフロイトの文章は、こうした愛のジレンマを示している。フロイト（1911）は次のように述べている。教育者は愛を与えるという手段に依拠せざるをえないが、そうすることによって快原理に加担してしまう。快原理は、愛を即時的な満足や内的なフラストレーションからの解放と同等視することによって生じる。快原理は、フラストレーションをもたらすものをすべて悪とみなし、そうした障害をすべて避ける。だが私たちが、学習や未知のものとの遭遇や思考を求めることについて語る以上、フラストレーションから逃れることはできない。同じことは、学習しようと試みる場合にも当てはまる。学ぼうという試みは、最初はただ愛の喪失としてしか感じられないし、多くの場合、実際に愛の喪失として感じられる。そして愛の喪失は、罰としての不快感をもたらす。この素朴な推察は、無意識の心的な生に関わるものであり、この着想は精神分析が学習における不安を分析するなかで得られたものだ。教育者は、自らが学習者にフラストレーションを与え、即時的な満足を先送りし、学習を抽象化し、困難にし、遅延させる役割を担っていることを理解しなければならない。その意味で教育者は、教育の過程で現実原理に訴えながらも、自分は愛されたいと願うというリスクも抱えることになるのである。

教授や学習の場には感情がつきまとう。そのため教育者が、自らの幼児期の願望やリビドー、不安、罪責感に起因する主体の不安定性によって、権威を失うという事態は避けられない。したがって問題は、教育が常に感情的な場であることではない。教育において心理的意味はどのようにして生み出されるのかが問題なのである。感情の世界を無意味なものと見なすことは、冷酷な抑圧という結果を招く。しかしフロイトは同時に、教育において相対立する二本の柱を示しているようにも思われる。その柱の一つである快原理は、太古的なもの、無意識的なもの、幼児的なものからなる一次過程に支配され、空想や夢、創作的な生活を生み出す。そしてもう一方の柱である現実原理は、意識的なもの、象徴的なもの、歴史的なものからなる二次過程に支配され、不在や分離、喪失の苦しみを生み出す。後に、心的装置がエス、自我、超自我として定式化され、内的世界における対象関係を示すものになると、フロイトは超自我の不安と罪悪感を考察することによって、教育を幸福、罪責感、被罰欲求、攻撃性と結びついたものと捉えるようになった。ではなぜ、フロイトの教育論の多くで、愛とそれを喪失する不安が、学習の要であると同時に弱点となっているのだろうか。

三　遊び

フロイトが考える教育のパラドックスとは、教育が個人の成長と文化的なフラストレーションとを繰り返し生起させる営みであるにもかかわらず、成長の論理を破綻させるものでもあるという点である。このパラドックスを理解するためには、葛藤を通じて学習するということを、学習のメタサイコロジーにおいて捉えなければならない。自我の愛は、他の自我、知識、現実、自我自身に対して窮地に立たされることになる。教育において生じる疎外状況は、その事後効果として把握される必要がある。

ここで、教育には三つの次元が競合していることに注目しなければならない。第一に、教師—生徒間のリビドー的関係によって構成される人間の制度としての教育、すなわち集団心理としての教育である。第二に、快原理と現実原理の葛藤によって形づくられるものとしての教育、すなわち思考の対象としての教育である。第三に、心的表象と知への欲望の結果としての乱暴な教育、すなわち無意識としての教育である。この三つの次元が隣接していることによって、情動生活には感情の誘発（valence）やもつれが生まれるが、それらは全て、愛を得ることができるという期待の上に成り立つものである。

上記の第三の意味での教育、つまり荒々しく乱暴でありながらも創造的でもある教育としてフロイトが挙げるもっとも顕著な例は、『快原理の彼岸』（1920）における子どもの遊びへのコメントであろう。意外に思われるかもしれないが、フロイトが自分の理論を根本から覆して、不在と再帰を象徴化するという新たな観点から心理学的意味の問題に立ち戻らせるきっかけとなったのは、子どものおもちゃ遊びを観察したことだった。

ここでフロイトは、生物学を心理学として捉えようと試みることによって、心的装置という大きな仮説を再検討している。その仮説とは、人間の生物学的なあり方があらかじめ決定されていないために、心的表象と心理的意味のあいだに問題が生じる、すなわち「どうして？」という問いが生まれるのではないかというものである。ここでフロイトが構想していた心理学とは、快を超えるものとしての反復強迫である。この説は、快こそが心的な生における原動力であるというフロイト理論の第一原則を覆すものである。しかし『快原理の彼岸』以降の研究では、快原理とはせいぜい単なる傾向の一つに過ぎず、もはや満足を先延ばしにしようとする現実原理と対立するものではなくなった。快そのもののなかに、それに対抗する何かがある。であるならば快原理は今や、単にセクシュアリティを表象しているだけのように思われる。

しかしながら、快原理は長きにわたり、性欲動にしたがって作動する様式でありつづける。快原理は「教育（educate）」が困難であり、性欲動あるいは自我自身からうまれて、しばしば現実原理を圧倒してしまい、有機体全体に危害を及ぼす。（1920a, S.E.18: 10＝全集一七：五八）

自我を論じる際に現実原理が再び導入されることによって、この新たな心理学は、知を得るという問題を含むものとなる。フロイトはまた、それまでの自分の理論に納得していないもう一つの理由について、次のように考察している。「知覚の（perceptual）不快。それは、充足されていない欲望がもたらす衝迫を知覚することだろう。あるいはそれ自体として苦痛であるような外界の知覚かもしれないし、または心的装置の内部に不快な予期を、すなわち危険（a danger）として認識されるものを喚起するものかもしれない」（ibid. 11＝六〇）。そして不安が、この説明に具体性を帯びさせることになる。

心理的な意味の生成においては、不安こそが主導的役割を演じるのではないか――フロイトはこう問い、自分の孫エルンストの遊びを観察して、ある仮説を提示する。エルンストは「『オーオーオーオー（*o-o-o-o*）』と『ダー（*da*）』の遊び」（ibid. 14f.＝六四）と呼ばれる遊びをしていたが、フロイトと彼の娘でありエルンストの母親であるソフィーは、それをフォルト（*fort* いない）とダー

(*da* いた) を意味するものと解釈した。

その子どもは、紐が巻き付けられた木製の糸巻きをもっていた。その子は糸巻きを自分の後ろの床に引きずって歩こうとはしなかった。つまり車ごっこをしようとはしなかった。彼は、糸巻きの紐を持ちながら、カバーがかかった自分のベッドの下にそれを非常に上手に投げ入れた。そして糸巻きが姿を消すと同時に、「オーオーオーオー(いないいない)」という意味のある声を発した。そして、紐を引っ張って糸巻きをベッドから再び引きずり、それが出てくると今度は「ダー(いた)」といって喜んだ。これこそ完全なる、消失と再帰の遊びである。(1920a, S.E.18: 15= 全集一七:六四)

子どもがこの遊びをしていたのは母親が不在のあいだであった。その子どもは母の不在を不快だと感じていたに違いない。だが、孫がこの遊びを続けているのを見て、フロイトには新たな疑問が浮かんだ。「子どもは自分にとって不快なこの体験を遊びとして反復している。このことは、快原理とどのように整合するのだろうか」(ibid. 15= 六五)。

フロイトは、孫がこの遊びを繰り返していることを心の一つのあらわれとしてとらえ、その子はその遊びにおいて、自分の立場を置き去りにされた側から、対象を置き去りにする側へと転換しているのだと解釈した。物を放り投げるという行為は、この子にとっては母親が自分を置き去りにしたのではなく、あたかも自分が母親を追い払ったとでもいうような、一種の復讐だったのかもしれない。ではこの子どもは、母親との分離不安を克服するためにこの遊びを繰り返していたのだろうか。それとも、その反復自体が、不安を克服するというある種の快に繋がっていたのだろうか。この疑問への回答は見つかっていない。フロイトは、子どもの遊びは結局、子どもが考える大人の世界についての解釈を反復しているのだと思い至った。子どもは自分が受けるかもしれない恐怖を、他のものに対して行っているのだ。フロイトは、子どものお医者さんごっこが性的探求へと誘う遊びであるとともに、そこでは病と処罰とが象徴的に同等視されることについても言及している。「先生ごっこ（playing teacher）」という残酷な遊びを考えてみれば、そこに残虐でサディスティックな快感を認めることは容易だろう。不幸にも生徒役を演じることになった子どもたちは、成績が悪いという理由で罰を受け、怒鳴られ、休み時間も教室の隅に座らされることになる。ここにおいて私たちは、学習においては処罰されたいという欲求と教えられたいという欲求とが無意識において同等視されていることを観察することができる。

こうした遊びは一見、不快な体験をある種の快に変換しているようにも思われる。しかしフロイトはそれでもなお、そこには快原理を超える何かがあるのではないか、という疑念を払拭できなかった。とはいえ反復強迫は快をもたらさない。フロイトはそう考えて、トラウマ研究に向かった。トラウマは意識という防御壁を内的・外的に突破するものである。この研究によってフロイトは、死の欲動という仮説に至った。死の欲動とは、拘束を逃れ、快を考慮せず、自らの消滅を求める力である。フロイトにとって発達とはもはや前進と変化ではなく、抵抗をもたらすものとなった。彼は発達を、トラウマとなった過去の出来事を反復する傾向と結びつけたのである。私たちは、こうした子ども時代の遊びを止めることができないようだ。実際、フロイトはこうした不気味なものを転移のなかに位置づけている。

患者たちは、これらの望まれざる状況や痛ましい感情のすべてを転移において反復し、それらを非常に巧みに蘇らせる。彼らは治療がまだ完了していないのに、それを中断させようとする。患者たちは、軽蔑されたという感情をあえてもう一度体験するために、医師が自分に乱暴な言葉遣いをしたり、冷たい態度をとったりするよう働きかける。患考たちは自分の嫉妬に適した対象を見いだす。子ども時代に切望した赤ん坊の代わりに、豪華なプレゼントを計画したり、その約束をしたりする――もちろんそれらは通常実現しないのだが。そうしたことがらはいずれも、かつても快をもたらすことはありえなかったし、今日でも新たな体験ではなく記憶や夢という形で現れるのであれば、もたらされる不快は少ないと考えられる。……しかしながら、かつての活動がただ不快をもたらしただけだったという経験は、何の教訓にもならなかった。(1920a, S.E.18: 21= 全集一七：七二)

だが、この観察は依然として謎に満ちている。フロイトが結論づけることができたのはただ、「反復強迫という仮説を正当化する余地は十分に残されている。反復強迫は快原理を覆すが、快原理以上に根源的で、基礎的で、欲動的なもののように思われる」(ibid. 23= 七四) ということに過ぎなかった。

四　教育の威光

フロイトは教育を、愛情を得られるかどうかの賭けという心的葛藤と関連づけたが、それは単なる一時的な関心としてではなかった。無意識の動機は『快原理の彼岸』における生と死の欲動という神話学と関連づけられて、より複雑なものになっていく。この転換によってフロイトは、教育を不幸や攻撃性、道徳といった人生の実存的問題に結びつけて考えるようになり、文化が個々人に対して抱く敵意とともに、個人が文化に対して抱く敵意についても熟考することとなった。文化という制度は、思いやりや永遠の平和を力尽くでもたらすことはできないし、暴力のない世界を確立できるわけでもない。フロイトは『ある錯覚の未来』において、人類は強制や教育をなくすことができるのか否かについて、疑問を呈している。

将来の世代の教育者として行動してくれる、優秀で揺るぎなく、公平無私である多数の指導者がどこからやってくるのかと問うこともできるだろう。……この計画があまりに壮大であることと、人類の文明の未来にとって重要であることには、誰も異論を唱えることはできまい。この計画は、人間には多様な欲動の資質が備わっており、人が最終的に進む道すじは早期幼児期の体験によって決定されているという心理学的な洞察に確実に基づいている。しかしまさにその同じ理由によって、人間の教育可能性には限界があり、その人自身が属する文化を変革することにも限界がある。(1927a, S.E.21: 8f.＝全集二〇：七)

結局のところ、教育は心のメカニズムに、すなわち欲動、意識、神経症に支配されるのである。フロイトは次のように示唆する。教育は本質的に自我を対象としなければならない。であるならば、自我はいかにその一貫性を感じるのか、そして自我はいかに分裂するのかという両面を考えることに知的な労力を割くことには大いに意味がある。フロイトは『自我とエス』で次の問題を指摘している。「……この同じ自我は三人の主人に仕えねばならない哀れな存在であり、外界からの欲求、エスのリビドーからの欲求、超自我の過酷な要求という三つの危険に脅かされている」(1923a, S.E.19: 56＝全集一八：五八)。ここにおいて、報奨と処罰が精神という舞台に登場することになる。しかし、それらに対して勝算はないのである。

この根源的に解決困難な問題は、主体が破綻していることに起因する。主体が破綻しているのは、不整合で相容れない諸観念の意味を問うことなしに、それらを抑圧しているからである。教師も生徒も、相容れない諸観念を抑圧している。したがって、教師は学習という状況を人間の条件として捉えざるをえないとフロイトは述べる。初期のフロイトは、教育が早期に性的抑圧という攻撃を行うことが、社会や個人の神経症の原因であると考えていた。だがフロイトは、性欲動は教育できないということも理解していた。結局のところ、誤った知識を正しい知識や真理に置き換えるという精神分析にとっての啓蒙のプロジェクトは失敗に終わったのだ。問われるべきなのは知の問題ではなく、何が内的葛藤と外的攻撃性について真実を語りうるのか、ということである。啓蒙は、不幸という問題を解明することができなかった。フロイトは『制止、症状、不安』（1926a）を執筆した一九二六年までに、自我、エス、超自我に関する思想をさらに発展させた。しかしそれによって、価値の起源をめぐる問いには、不安という問題が影を落とすようになった。この理論展開は批判を受けることとなったが、フロイトはこれに反論して、私たちの最高の価値も幼少期のセクシュアリティが変換されたものであり、最高の価値といえども道徳的不安や抑うつに反転する可能性があると主張し続けた。

フロイトが快に関する自身の見解を疑問視し、快原理を超えるものを検討するようになった時点でようやく、精神分析における二つの主要概念が登場する。第一に、フロイトは『自我とエス』（1923a）において、自我理想に関する見解を変更し、超自我（superego）の概念を導入した。自我理想は当初、力強い対象との同一化によって生まれるとされていたが、それはいまや超自我とよばれる自己批判的な内的審級によって形成されると考えられるようになった。超自我という審級は自我の審判となり、道徳の起源には情動が含まれることになる。超自我には自我から、罪悪感とそれにもとづく被罰欲求を引き出す傾向がある。フロイトの用語法では、良心（the conscience）とは不安と罪悪感の別名に他ならない。第二に、自我そのものも無意識の一部と考えられるようになった。

自我は無意識の表層を投影したものであり、防衛機制であり、欲動に支配され、エスの衝動と超自我の過剰な残酷さの終わりなき葛藤に苦しむ存在である。この生まれ持った葛藤をさらに複雑化するのが、自我と外界との関係である。外的世界は、自我の「第三の主人（third master）」なのだ。しかしフロイトは、こうした葛藤を単に事実として受け止めるのではなく、考察すべき対象として扱うことによって、新たな学習のあり方を提唱している。すなわち、自我は己の生きる世界を物語り（narrate）、解釈することによって、与えられた現実とは異なる新たな物語を生み出すことができるというのだ。

フロイトは、こうした外的・内的なドラマを理解することによって、教育を、教育それ自体が有する知の限界との葛藤のうちにあるものとして考えるようになった。理性に対する働きかけは、いかなるものであっても、無意識、超自我、自我の防衛機制、転移性の愛といった新たな形の抵抗をくぐり抜けなければならない。したがって、学習という作業において主体が脆弱であることをさらに深く理解するためには、教育を、教育自体が有する現実原理を疑うことが可能であり、同様に教育自体に含まれる快原理をその迷いから目覚めさせることが可能なものとしてとらえ直す必要がある。教育の限界とその可能性は、教育が愛の移ろいやすさにいかに対処するか、そして仮に自我がすでに分裂しているとしても自我を支持するとは何を意味しうるのか、という点から考察できるのである。

一九一二年以降、フロイトは戦争のない世界を見ていない。彼はこの戦争の時代を、攻撃性、暴力、否認、死との関係から理解しようと努めた。そして教育も、徐々にこうしたネガティブなものと関連づけられるようになっていった。教育とはいまや、見識を得ることではなく昇華であり、啓蒙ではなく人生の残酷さについて考えるように鼓舞することだった。また喪失が避けられないことを嘆き、この学習の物語を象徴化するよう鼓舞することだった。精神分析家は患者に、想起することが難しいにもかかわらず、いまなお対象喪失による抑うつの原因であり続けている子ども時代の光景に立ち戻ることを求める。同様に、教育にも連想を引き起こす力があり、それは比喩的表現を通して理解されうる。教育は、考古学や神話として語られ、そこに表現されている空想、不安、防衛が分析されることになる。

しかしこうした理論転回においては、あらゆるものは乱暴な教育の残滓から生まれ、擬人化され、あたかも人のごとく振る舞うように思われる。フロイトは述べる。人は子ども時代に頻繁に抱いた教育に関する空想――そこには自分が幼少期に描いた理論や理屈を信じたいという願望も含まれる――に関する空想に立ち返らなければ、現在の教育のあり方を考えることも難しい。フロイトによれば、この忘却された子ども時代の体験は、今なお私たちとともにある。私たちには、過去の状態に強制的に退行させられ、幼少期に抱いた理論を現在の状況に投影してしまう傾向がある。その傾向は、その人の教育観や教育論にも影響する。この抑圧されたものの回帰こそ、無意識の作動様式なのであり、そこには矛盾も、時間も、否定もない。その始まりにおいて無時間的であり、その無時間性を無意識が運んでくるという点こそ、一つのジレンマであるのだ。心的な生においては、思考による認識が対象そのものと同等視される。そのため私たちは、自分の子ども時代に起きた過去の出来事と、いま現在、教育について考えることとのあいだに、いかなるずれもないように感じる。もう一つのジレンマは、フロイトが文化の内なる悲哀や不満に向き合った際にもたらされた。そこでは、教育の性格が問われることとなった。

フロイトの悲観的な教育論は、彼が「心的生起の二原理に関する定式」（1911）を発表してから二十年近くも後に、『文化の中の居心地悪さ』（1930）の脚注に記されることになった。そこでは教育にとって最大の抵抗は、教育者自身の快原理に由来するとされたが、快原理はいまや、緊張の減少こそが満足であるであるという見解を含むものとなった。この理論変更は、フロイトが一九一一年の初期論文で示した理論を、より複雑なものにした。だが初期理論においても後期理論においても、フロイトにとって教育とは葛藤の場であることに違いはない。一方で、学習の素材はさまざまな問題や障害から構成されており、それらこそが人の思考能力や昇華能力を駆動させる。これを行うためには、教育者が条件をつけて愛を与える必要がある。他方で、教育者が知識を伝達するやり方には、教育者自身の現実原理と快原理との葛藤が如実に反映される。前章で検討したとおり、この知の伝達という作業は、制度内における生活の制約や、集団心理における疎外感や一体感によって形づくられるがゆえに、上手くいかないこともある。そして集団へと同一化できなかった残滓は、愛、真実、満足、願望充足の遅延のあいだの葛藤として、あるいは報酬や罰として経験されることになる。フロイトの教育論は、さらに複雑さを増していく。彼は、教育がどれほど人間の本性に根ざしており、またその効果が十分であったとしても、教育の働きは欲動を超えたものであるとも見なすのだ。このフロイトの説に従うならば、私たちは次のように問わねばならない。快原理は退行的な振る舞いによって自らの系譜学を形づくる。仮に教育が、その系譜学を通じて心的現実という重荷を背負い続けるとするならば、そして仮に教育には同時に、過去の心的現実の反復強迫を断ち切る責務があるとするならば、現実原理は、どのように変化していくのだろうか。この点については、以下のようにいうことができるだろう。現実適応によって、それ自体が思考実験である現実原理が機能不全に陥ると、空想による現実適応が行われるようになるのだ、と。

五　寄る辺なさと幸福

フロイトは、最初期（archaic）の教育は、人間の脆弱さに対して、あまりにも過剰であると主張しているようだ。ここでいう人間の脆弱さには、未知のもの、すなわち根源的な寄る辺なさによって構成されるものの影響を受けやすいということも含まれる。フロイトは最初期の論文「心理学草案」（1895）において人間のもっとも原初的な反応である泣き叫びについて考察した際に、この説を示している。「心理学草案」は、心的装置を経済論的な観点から描き出そうとする最初の試みだったが、それだけでなく心理的意味という問題に踏み込んだ試みでもあった。「こうしたやりかたで、この発散の方法（泣き叫び）は、コミュニケーション（communication）という極めて重要な二次的機能を得る。誕生時の人間の寄る辺なさ、つまり無力さが、すべての道徳的動機の根源的な源泉（the primal source of all moral motive）なのだ」（1950, S.E.1: 318= 全集三：三二〇）。この論点はかなり後になって、『文化の中の居心地悪さ』（1930a）に再び登場することになる。

ここで注意すべきことは、寄る辺なさは、意味を探求することによって、無意味なものを別のものに変換するということである。フロイトは一九一一年の論文「心的生起の二原理に関する定式」において個人の発達史という問題に立ち返り、人間の生は切迫によって始まると考えた。新生児は身体的な不快感、寄る辺なさ、依存したい気持ちを感じ、知りたいという欲求に突き動かされて、他者を求めて泣き叫ぶ。これがあらゆる学習関係や転移の原材料となる。つまり学習関係や転移は、失われた満足を再び得たいと願い、不完全な欲求と欲望が融合した結果として生まれるのである。泣き声は人間がはじめて示す異議申し立てであり、新生児が文化のなかに、他者の世界のなかに、コミュニケーションのなかに生まれ落ちたことを告げるものである。新生児は愛を得るやいなや、それを喪失するのではないかという恐れを感じる。ここで不在という要素が加わることによって、象徴化と思考とが開始されることになる。同様のことを、フロイトは自身の孫の遊びを観察した際にも指摘している。フロイトはこうした親密な心的活動という土台の上に、学習を疎外する文化というものを重ねようとする。ここでいう学びを疎外するものとは、集団心理における葛藤であり、その葛藤は、家族や学校、そしてあらゆる場での自分に影響を与える人物（母親や父親、兄弟たち、指導者、友人、教師など）との同一化における、対象関係の取り入れによって生じるものだ。これらのすべてが学習のメタサイコロジーを構成することになる。フロイト（1914c）によれば、これらの事柄は、想起、反復、反芻処理といった臨床におけるダイナミクスを通して理解することができる。転移性の愛は、あらゆる教育を神話的な時間に接続しようとするが、新たな知識が有する他者性によって、崩壊することもある。学習はこれらのすべてを引き受けて保存し、寄る辺なさ、統合、破壊、創造といったテーマや心的経済学における時間性を反復し変形させる。この「いた／いない」の遊びでは、対象は手元に引き寄せられ、向こうへと投げ捨てられ、そして再び見いだされるのである。

ここで私たちは、以下の問題を問う準備が整った。すなわち精神分析を伝達するためのフロイトの計画と様式を踏まえるならば、教育の構想はどのように変化するのか。また教育が心的現実の影響を受けるとすれば、教育はどのように説明されうるのか。「精神分析への関心」（1913）と題された初期の楽観的な論文において、フロイトも同様の疑問を提示しており、教育者は記憶の問題に悩まされている、と簡潔に答えている。フロイトは同論文の教育に関する短い一節で、教育関係を理解するために精神分析が寄与できることを、教育者の仕事という観点から考察している。

子どもの心に入り込んでいける者しか、子どもを教育することはできない。大人となった私たちは、もはや私たち自身の子ども時代を理解できないのだから、子どもを理解することはできない。私たちの幼児期健忘は、私たちが子ども時代からいかに疎遠になっているのかを証明するものである。

（1913b, S.E.13: 189＝全集一三：二三二）

だがほぼ十年後に、フロイトはこの説に新たな考察を加え、それを記憶の作用の問題として再検討することになる。彼は「『不思議のメモ帳』についての覚え書き」で、意識は記憶痕跡の代替物として現れると述べている。子どものお絵かきボートと同様に、意識とは印象を受け取る「受容面（a receptive surface）」（1925c, S.E.19: 230＝全集一八：三二一）であり、なおかつ知覚と結びついた防御壁としての役割も果たす。この防御壁は、外部からの強烈な刺激を防ぐものだが、同時に外界からの刺激を消し去って一からやりなおしたいという願望を含んでもいる。にもかかわらず、この「不思議のメモ帳」に何かを書くと、その表面の後ろにある蝋に筆跡が残ってしまう。フロイトは子どものおもちゃから、無意識はいかにして成長に影響を与えるのかについて、またなぜ記憶が意識できる記憶以上のものなのかについて、説明する術を見出したのだ。

片方の手が不思議のメモ帳の表面に書き込みをする一方で、もう片方の手が定期的にそのメモ帳のカバーシートを蝋から引き剥がす。このように考えれば、私が私たちの心の知覚装置の機能をどのようなものとして描き出そうとしているのかについて、具体的なイメージが得られるだろう。（ibid. 232＝三三三）

私たちの直感には反するのだが、記憶とは記録したことを忘れないことではない。これはフロイト初期の着想の一つであり、「遮蔽想起について」（1899）で検討された考えである。同論文においてフロイトは、記憶のなかの表象は、圧縮、代替、対立物への反転、置き換えといった、夢の仕事にみられる断片化された一連の方法によって考察できると述べている。そこでフロイトはさらに、子ども時代の記憶というものは存在しない、あるのは子ども時代についての記憶だけだ、とも述べている。

子ども時代に受けた教育を回想しにくい理由はさまざまだが、「精神分析への関心」（1913b）で示されたフロイトの観察に立ち戻るなら、それは教師と生徒のあいだに一定の隔たりがあるからに他ならない。フロイトによれば、教育者はこの隔たりを理解することで、自分が何を抑圧しているのかを分析できるようになる。それは、教育が忘却にいかなる役割をはたしているのかを理解するために必要なことだった。教師と生徒の隔たりという問題を考察した際に、フロイトは、意味のある忘却は性の抑圧に関連していると感じていた。私たちは子ども時代に性を探求したことを忘れるのと同様に、性の探求によって、スリリングで手の届かない知識をどれだけ切に求めたか、完璧な理論を構築することにどれほど固執したかという感覚を忘れてしまっている。教育者は、子どもの頃はあらゆる犠牲を払っても何事かを知ろうとしていたにもかかわらず、そのことをすっかり忘れてしまっているのだ。さらに教育者は、幼児期に世界を理解した際、少なくともほんのわずかな間は、寄る辺なさと幸福が重なる時期があったという感覚も忘れている。しかしながらフロイトは、

「不思議のメモ帳」を通して、他にも忘却された何かを探しだそうとしている。すなわち、読めないものは感知できないということを。

六　知の二原理

フロイト（1911）は心的装置の作用を、快原理（大まかに定義すれば直ちに満足を得たがること）と現実原理（大まかにいえば思考実験によって快原理を遅延させる能力のこと）との葛藤から生じると指摘したが、その際、心の心理学的な起源については明確に述べていない。心の原理の定義も曖昧であり、フロイト自身も快についてのさらなる検討が必要であると認めている。フロイトは、空想や芸術、セクシュアリティ、創造的著作、宗教、無意識から多くを学んだ。教育は、快原理と現実原理という二つの原理の境界に位置する概念であり、現実原理は愛と深く絡み合っているため、教育が成果を上げるかどうかは愛の印象次第である。ただ芸術と芸術が有する昇華の能力だけが、つまりナラティブの反乱においてさまざまな表象に力を与えることだけが、そうした転移の影響を調整し、意識化させることができる。

快原理と現実原理という二つの定式は概略的にしか論じられていない。とはいえこの両原理は、学習に対する心の抵抗、立ち向かうべき対象や障害を表している。けれどもこの両原理はまた、知の原理とも考えることができるだろう。この原理は、私たちと生と死との関係を、そして私たちと想像力や義務との関係をつくりだす。さらに、所与の世界と私たちの応答責任をともなう関係をつくりだす。快原理がナルシシズムに属するとすれば、現実原理は対象の喪失によって形成されるといえよう。その意味で、メタサイコロジー論の一つである「喪とメランコリー」(1917c)でフロイトが記しているように、現実原理は、対象喪失および自我が喪の仕事をやりとげようとする奮闘に関わっているし、それによって方向づけられてもいる。フロイトによれば、対象を失い、喪に服しながら生きていく術を学ぶことによって、人は歴史に従い、歴史を生きる主体としての居場所を見いだしていく。人間は移ろいゆく生き物であるということ自体が、まさしく現実原理に他ならないのだ。

フロイトは精神の原理を素描し、無意識の動機が、あらゆる表象に潜む不協和音や感情的な衝動を抱えていることについても言及している。快原理と現実原理は、思考の知覚を人間本性の構造に従うものとして、そしてその構造を表現するものとして位置づける。さらに、思考の知覚はまた、思考のうちにある信念やその信念を信じたい気持ちに起因しており、それはまた、疑問を抱いて思考を疑うという役割をも担っている。フロイトが教育を、時間を超越した知、即時的な満足、思考の全能への信仰を手放すという問題と結びつけるのは、まさにこの疑うという能力においてである。こうした点こそ、現実原理がもたらす論点である。つまるところ、教育がナルシシズムを減ずるならば、同時に愛を新たな対象へと拡散させ、心理的な意味を創出するという作業に向かわせなければならないのだ。

現実原理は決して完全なものではなく、また完全なものではありえない。というのも現実は主体とは無関係に存在しており、主体に理解や解釈や疑う能力を求めるからだ。現実に対するこうした考え方は、意識を覚醒させ、それによって他者から成る外的世界を認識させることになる。現実原理そのものは、自我と対象との関係を焦点化し、不整合で相容れない観念をもたらす。フロイトが「論稿というより準備稿」であると感じていたこの論文は、読者への次の言葉で締めくくられている。

現実原理への適応がもたらす心的な帰結について、私はできればまだ保留しておきたかった明確とはいえない見解を示してきた。これらの見解を論証するには、少なからぬ努力が必要となることは確実だろう。ただ私としては、慈悲深い読者が、このような文章においても、現実原理の支配がどのように始まるか見落とさないよう望んでいる。（1911, S.E.12: 226= 全集一一：二六七）

フロイトが、意識とは相容れないアイディアの片鱗を発表するには、かなりの勇気が必要であったにちがいない。それゆえ、「心的生起の二原理に関する定式」（1911）は性格づけが難しい。それはあたかも、人間が受け取るあらゆる知覚をその内に取り込んだ、存在の現象学のようである。意識は自らの構造を変化させて連想の経路を、すなわち満足、対象、情動、言葉、観念と結びついた記憶を形づくっている。そして意識の要素やその出現は、内的な欲求および身体の活動が形を変えたものとしてイメージされる。これらの一連の進行のすべてが、歴史を有する主体を生み出す原動力となり、主体の快原理への執着を特徴づける。こうした思考が作動することで、感情生活が始まる。これによって、自分は他者の世界の中に生きているのだということが突如トラウマ的に自覚される。それはこの世界を心の内部に取り入れ、喪失した対象をこの世界において再発見したいという願望の指標となる。喪失したものは、不在あるいは喪失と関連している。思考はそれらの代表的な代替物である。思考とは、記憶のうちに対象を保存し、時間の経過を物語り、歴史を形成する心の作用である。思考によって情動に観念が付与されるのだ。

リビドー的な愛着から心理的意味がどのように生み出されるのかを問うもう一つの方法は、現実と快が有する力を解釈することによって、その心理的性質を把握することである。現実と快は、心理学では同じコインの両面なのだ。フロイトは次のように問う。現実とは個人が獲得するものといえるのか否か、現実は物それ自体といえるのか否か、現実性という感覚は、自我が現実と空想の境界を区別する基準たりうるのか否か、と。現実は、二つの心理学的次元に配置される。夢の生活は心的現実を圧縮する。そして心的現実は、外的現実と結びつくことによって、歴史的な現実を構築することが可能になる。そのいずれも願望と結びつくことで、愛情や承認、記憶を求める欲望の影響下に置かれることになる。現実と快はいずれも、喪失の歴史と愛着の履歴を示す指標となるのである。

フロイトは教育について注釈を加えているが、彼の無意識論と照らし合わせてみると、その注釈は心理的意味の問題を提示しているものとして読むことができる。というのも、心的装置という概念に外的世界との関係からアプローチするならば、なぜ学習が生起するのか、学習はどのように展開するのか、何が学習を中断させるのか、判断はなぜ、欲望や快感、願望を迂回するのかを必然的に問わねばならなくなるからである。家族内の心理や集団心理と同様に、教育も愛や権威に関わらなければならないとすれば、教育は人間の本性である転移の実験場となる。この実験が現実においてなされると、教育は主体の情動に思考するよう迫ることになる。フロイトが生涯をかけて行った神経症の特徴に関する研究は、人間の葛藤全般を理解する手段となり、現実が有する力を理解する手掛かりとなった。

神経症者は、現実の全体あるいはその一部に耐えることができないために、現実に背を向ける。……そこで、次に私たちの課題として浮上してくるのが、神経症者や人類が、現実一般との関係をどのように展開するのかを探求することである。それによって、現実の外的世界の心理学的な意味が私たちの理論体系に取り入れられる。(1911, S.E.12: 218= 全集一一：二五九―二六〇)

以上に加えて、フロイトが性欲動は教育不可能であると考えていたことを踏まえるならば、ここで私たちは、次の問題を考察する準備が整ったことになる。つまり、教育の核心には何があるのか。なぜ精神分析は、教育を葛藤に満ちた感情的状況として描き出すのだろうか。精神分析が教育を未解決の問題として、自らを不安定化することをおそれないナラティブを必要とする未解決の問題として描き出す理由は何なのだろうか。

フロイトの主張を端的に要約すれば、教育を理解できるかどうかは、快原理を積極的に取り込めるか否かにかかっているということになるだろう。すなわち教育を必要とするとはどのようなことか、知識と出会うとはどのようなことか、アイディアを作り上げるとはどのようなことか、自己を学習の対象として捉えるとはどのようなことか、学習とその失敗を予期するとはどのようなことか、といったことである。フロイトは読者に、精神分析は無意識への関心から始まるということを改めて思い起こさせている。無意識を支配しているのは快原理あるいは思考の一次過程である。一次過程は時間を知らず、否定を知らず、諸要素が連合しており、相矛盾する思考や別々の物事を同じものと見なす。しかしながら、一次過程が現実やフラストレーション、外的世界に直面すると、思考には区別が生じることになる。すなわち心における満足は、外的世界での振る舞いとも、他者からの要求ともまったく無関係なものとなるのである。このパラドックスは、想像力が現実原理と快原理との葛藤から生まれることを示している。それはまた、人間にとってもっとも真剣な遊びだともいえる。

フロイトは当初、自我とは打算の結果生じたものであり、空想と現実を交換したものだと見なしていた。だが彼は同時に、自我は、喪失した対象、同一性、愛の履歴といった断崖の際にあるものとしても示していた。つまり現実と快とを明確に区別するという点こそが、自我にとっての弱点となるのである。これは教育者にとっては重荷となる。というのも、教育関係を結んで現実原理に向かわせるためには、教師は愛の提供という手段に頼らなければならないからである。その際に教育者は、自分自身の発達史に支配され、自らの過去を反復することになる。愛を求めて学習し、幼児期に抱いた理論を少しずつ変容させることによって、喪失した対象を再発見してきた過去を反復するのである。

フロイトが『快原理の彼岸』（1920）で生と死の欲動を考案したことによって、自我の新たな深層が発見され、現実原理と快原理との関係はますます複雑なものとなっていった。フロイトは劣等感を抱きやすいという自我の傾向を分析するなかで、抑圧された幼少期のセクシュアリティには痛みの感情がともなうはずだという見解に至った。

愛の喪失や失敗は、ナルシシズムの傷という形で自尊感情に永遠に消えない傷跡を残すことになる。……子どもによる性の探求は、その子の身体的な発達によって制限されるため、満足ゆく形で終わることはない。そしてそれらは後に、「自分は何もできない。何をやってももうまくできない」という不満となってあらわれる。得られる愛は減少し、教育の要求は高まり、かけられる言葉は厳しくなり、罰が加えられることもある――こうしたことによってついに、自分に降りかかる侮蔑の全貌があらわになるのである。（1920a, S.E.18: 20f.= 全集一七：七一）

幼少期の発達史を反復せよという強迫こそ、あらゆる学習の最初の素材である。その強迫は私たちの「ナルシシズムの傷（narcissistic scar）」を活性化するとともに、それを否定するよう迫る。教育を快原理と現実原理の問題として捉えると、教育は常に間主観的な関係性によって形づくられるとともに、それによって脅かされもするということがわかるだろう。フロイトはこれを理解することで、教育を臨床的かつ実存的な異議申し立てへと転回することができた。すなわち、仮に現実とは常に解釈された現実でしかなく、したがって知覚や判断、愛の問題だとするならば、現実に接するということは、いったい何を意味するのだろうか、という問いである。フロイト初期の「心的生起の二原理に関する定式」（1911）には、現実吟味という自我の機能についての着想が、曖昧ではあるが示されている。フロイトは、自我が幻覚と知覚とを、すなわち内的世界と外的世界をどのように区別するのかを示そうとしている。

しかしフロイトが精神分析家に、言葉と物事のあいだの葛藤を真剣に考えるように求め、語られたことといまだ言葉にできないこととのずれに対して、それに異議を唱えるのとは別の仕方で耳を傾けるように求めるようになるには、「否定」（1925）を待たねばならない。この論文の冒頭には、技術的なアドバイスが記されている。

精神分析において患者が連想を明かす際の語り口は、興味深い観察の機会を与えてくれる。「あなたは今、私が何か侮蔑的なことを言おうとしているとお考えでしょうが、本当にそんなつもりはないのです」。私たちはこれを、浮かんだばかりの思いつきを投影によって否定していると解釈する。あるいは「あなたは夢に出てきたこの人は誰なのかとお尋ねですね。私の母ではありませんよ」。私たちはこの発言を「ですからそれは母親なのです」と訂正する。この場合、私たちは否定を度外視して、連想の主題だけを取り出して解釈することができる。（1925b, S.E.19: 235＝全集一九：三）

ここで私たちは、フロイトが再度、今度は知的な抵抗と感情的な受容との乖離という観点から、心理的意味という問題に取り組んでいることをみることになる。そして、現実吟味という初期の課題は、次のように再定式化される。つまりその作業とは——

表象に対応する対象を現実の知覚において見いだすのではなく、それがまだそこに存在していることを確認するために、その対象を再び見いだす……。しかし、かつて現実に満足をもたらしてくれた対象がすでに失われていることが、現実吟味を開始する前提であることは明白である。（1925b, S.E.19: 237f.＝全集一九：六）

現実原理こそが、私たちが持ちうる最善の懐疑心である。すなわちそれは消失と回帰との関係を吟味するものなのだ。

記憶はこのジレンマを登記し相続する。その記憶がどこまで真実であり現実であるのかは、臨床的にも認識論的にも明確ではないために、技術的な葛藤が生じることになる。フロイトは初期論文を示唆している。

「心的生起の二原理に関する定式」の（八）において、記憶と事実とが一致することは難しいことしかし、抑圧された心的構造に現実性という判断基準を持ち込んだり、空想が現実ではないからという理由で、症状形成に対して空想がはたす重要性を軽視したり、あるいは実際には犯罪に関与していないからといって、神経症的な罪悪感をどこか別の源泉から引き出したりしてはならない。（1911, S.E.12: 225= 全集一一：二六六）

七　不幸と攻撃性

現実原理と快原理との対立図式は、『文化の中の居心地悪さ』（1930）において修正が加えられることになる。この両原理はいずれも、人間の攻撃性がもたらす悲惨さを通して理解されるようになる。あるいは、それらは「人々が人生の目的のために行動することによって、人間自身がしめすもの」（1930a, S.E.21: 76= 全集二〇：八一）を通して、理解されるようになる。私たちが「大洋感情（oceanic feelings）」（ibid. 64= 六七）について語る時、フロイトはその背後に、幼児期における世界の統一性、制限なき快原理や欲動が支配する世界への欲望、障害のない世界への欲求といったラプソディーを見いだしている。フロイトの定義では、この太古の原理における快とは高まった緊張からの解放だが、その原理は快の実現をみずから制限することになる。フロイトはそれを、満足や充足の除去と表現する。他方でフロイトは、個人が希求するものはその対象自体の性質によって制約を受けていることにも気づいた。彼の教えるところによれば、幸福よりも不幸を経験することの方がはるかに容易なのだ。「あらゆる欲求を無制限に充足することは、もっとも魅力的な生き方と思えるかもしれないが、それは無警戒に快を得るということを意味し、ただちにそのことによる罰を受けることになる」(1930a, S.E.21: 77= 全集二〇：八三)。

苦しみを防ぐ手立ては無いし、愛は扉を開けてそれを迎え入れるだろう。「愛する時ほど、苦しみに対して無防備であることはなく、愛の対象やその愛を失った時ほど、不幸に対して無力であることはない」(1930a, S.E.21: 82= 全集二〇：八九)。フロイトは以下のように結論づけている。「快原理は幸福になるための計画を私たちに課してくるが、それは決して成就しない。それでも私たちは、何か別の手段でその実現に近づこうとする努力を放棄すべきではないし、実際にそれを放棄することはできない」(ibid. 83= 九〇)。あらゆる手段が利用可能だとしても、外界が何を与えようとも、心的現実は満足を得ようとして未知の要因を、つまりいっそうの葛藤をつくりあげてしまう。そう主張することによって、フロイトは社会主義思想、宗教、社会改良プログラム、社会的優生主義と決別する。フロイトによれば、苦しみをなくすことなどできない。なぜなら苦しみこそ人間の条件であり、また苦しみこそが人間を人間たらしめる条件だからである。

フロイトの文化論は、こうした苦しみについての考察から生まれたものである。そしてフロイトの語源学は苦しみの起源にまでさかのぼる。それは、教育における葛藤の指標として読むことができる。

文化（*Kultur*）という言葉は、私たち人間の生活を、私たちの祖先である動物の生活から区別させる構築物や慣習の総体を指している。それは自然から人間を守り、人間相互の関係を調整するという二つの目的に奉仕する。（1930a, S.E.21: 89＝全集二〇：九七）

文化は、フロイトのいう「文化によるフラストレーション（cultural frustration）」（ibid. 97＝一〇七）を引き起こす。それは個人の欲望と、欲望自体の性質に起因する限界と、社会が個人に課す成長せよという要求とが混じり合った発火性の危険物のようである。フロイトは人間の不幸はどこから来るのかという大問題に挑み、文明は不幸の原因ではなく不幸を受けとめる容器であり、文明自体がはらむ不幸の本質を克服する手段であろうと述べる。文化は、禁止や法によって、死の欲動を遮蔽する保護膜をつくりだすものなのだ。

フロイトの文化論は、ここで神話へと向かうことになる。前章で集団心理学を扱った際に検討した通り、彼が神話に目を転じたのは、文化の存在理由を考えるためであった。フロイトは、有史以前の人間の進歩とは、無計画な状態を脱して意味を求めるに至ったことではないかと想像し、先史時代という藪のなかへと回り道することを選んだのである。彼はセクシュアリティそれ自体も、こうした進歩の結果として生じたのではないかと推測する。

家族の形成は、性的満足の欲求が、突然に現れて去った後は長い間何の音沙汰もない客人のようであったのとは違って、長期の下宿人のように住み着くようになったという事実と関係していると考えられるだろう。(1930a, S.E.21: 99= 全集二〇：一〇八)

愛が欲求に勝利し、セクシュアリティを表象できるようになると、人間は文化的な生活や起源の神話、そして感情の世界に参入することになるが、これらはいずれもリビドー的な結びつきを示している。文化が到来したことによって、セクシュアリティが自然および自然からの要求から切り離されると、セクシュアリティをどう制限するかが文化にとって解決すべき問題となる。さらに、フロイトは人間の攻撃性という大問題にも取り組んでいる。「人間はこのように相互に敵意を抱くために、文明社会は絶えず崩壊の危機に瀕している」(1930a, S.E.21: 112= 全集二〇：一一三)。これこそ文化にとっての未解決の問題なのである。

この論文の結び近くで記している通り、フロイトは文化を、あたかも個人の生が反映されたものであるかのように分析していることを十分に自覚している。また自分の理論をまるで詩のように自由に、すなわち詩的許容(poetic license)という手法を用いて展開していることも理解している。

ここに避けられない問いが一つある。文化の発展が個人の発達と多くの点で酷似しており、文化も個人もその発達において同じ方法を用いているとすれば、文化による衝迫の影響が、ある文化を、あるいはある文化の段階を――もしかすると人類全体を――「神経症（neurotic）」にしているという診断を下してもよいのではないだろうか。（1930a, S.E.21: 144= 全集二〇：一六〇）

さまざまな制度でさえも、独自の心的な生と独自の神経症的傾向を有している。フロイトは、こうした診断が何の役に立つのかについても思いをめぐらせている。それはあたかも、一九一一年に自らが発した疑問を、再び問おうとするかのようだ。その問いとはすなわち、精神分析の知は、どうすれば心理学的に意味を持ちうるのだろうか、というものである。

フロイトは学校教育を概観するなかで、社会における神経症とは何か、それはなぜ現実から目を背けるのかについて理解する必要があると述べている。彼は脚注で、学校教育の隠れたカリキュラムを二つ指摘している。一つはセクシュアリティの忌避であり、

もう一つの罪は、（青少年が）必ず他人の攻撃対象となることが宿命づけられていることに対して、心の準備をさせていないということである。このような誤った心理学的な指導をおこなって青少年を人生に送り出すのだから、教育は、極地探検者に夏服の装備とイタリアの湖水地方の地図を与えているようなものだ。このような誤りが、倫理的であれという欲求に起因することは明らかである。

（1930a, S.E.21: 134＝全集二〇：一四九）

八　未解決の問題としての教育

『フロイト全集標準版』の索引には、「教育（education）」に関する参照箇所が示されている。その数は特に多くも少なくもないが、最後の項目は「その未解決の問題（unsolved problems of）」である。[25] 最大の未解決の問題とは、愛に他ならない。私たちが愛を詳細に研究しようとすると、広範囲にわたる連想が喚起され、そうした連想に対する抵抗ももたらされる。教育を未解決の問題であると同時に、その未解決の問題を生み出す中枢でもあると考えると、私たちの探求はいったん立ち止まざるをえなくなる。解決が不可能とされる問題は、そもそも容認されないことが多い。何歳であろうと人が教育に求めるのは、つまるところ、活動や熟慮、支援に関するものである。教育によって得られる知識として期待されているのは、それを学んで応用すれば問題を解決できるようなスキルなのであり、新たな問題を生み出すことなど、決して求められてはいない。だが、教育の役割を単なる社会化機能として考える傾向や、子どもは教育されるべき存在であると考える傾向は、教育そのものを機能不全に陥れることになる。そのような狭い教育理解では、愛が不確かなものを象徴化し、あらゆる学習において崇高なものへ向かわせるよう機能すること、またその可能性を秘めているといったことが見過ごされてしまう。すなわち、葛藤から学ぶという実存的な経験、不整合で相容れない考えを容認するという時間のかかる作業、それまでの経験が示す道を越える機会、現実を象徴化しようとする脆くも儚い関心、ナラティブの反乱を鼓舞することなどが見落とされてしまうのである。しかしこれらの要素は、教育が心理的意味という現在進行形の問題に関わる限り、また愛という問題に然るべき評価や意義を認める限り、いずれも必要となるものである。

　フロイトの用語法にもとづけば、教育という営みは自由連想とナラティブの反乱を実践することに他ならない。教育は、成長や学校、教師の葛藤といった日常的な出来事に関わっている。そうしたなかで文化からの要求がもたらされ、無力さや影響力、感受性といった情動的な過程が生まれる。教育自体が内包する知という原理は、快と現実の両極のあいだを揺れ動く。楽観的な見方をすれば、教育は戦争の防止や性の啓蒙、幼児期のセクシュアリティの管理にも結びついている。教育はいつまでも、プシュケー（the psyche）の作用や、想像や昇華に資する心の潜在的な能力と関係し続けるし、その影響も受けつづけることになる。無意識のなかにはさまざまな記憶が登記されるので、教育は時に、「不思議のメモ帳」のようなものともなる。否定的な見方をすれば、教育は、罪悪感、超自我、不安、エディプス・コンプレックス、集団心理の力学をもたらす。催眠暗示や幻覚は、教育の否定的側面の好例だろう。フロイトは、教育という未解決の問題を考察することによって、精神分析の主要概念――喪失され、転移において再発見される知の対象、自我、愛、権威、否認――を見いだした。教育（education）とは、学ぶことそれ自体の問題を指し示し、精神分析の継承における論争史を形づくり、愛を求めて学習したのにその学び自体を忘れてしまうという、人間の条件を言い表す言葉の別名なのかもしれない。フロイトが執筆した一連の著作では、教育は常に実践家たちの無意識的な抵抗や、彼らの出自に関する事実、そして彼らの心的生活に結びついている。教育への要求、すなわち教育に何を求めるかということは、以後の教育にも影響を及ぼすことになる。教育は常に不完全なものであり、私たち人間の不完全さを浮き彫りにするものでもある。教育という営みは決して終わることがないのだ。

教育への要求が生じると、教師に対する要求も生まれることになる。フロイトが教師に直接に語りかけているのは、「アウグスト・アイヒホルン著『不良少年たち』へのはしがき」(1925) における一箇所だけである。フロイトはその結びにおいて、教師を精神分析に誘い、勇気づけている。

最後に、教育理論にとっては重要ではないが、教育に携わる立場にある者にとっては有意義な推察を付記しておきたい。教育者は、自分自身が分析されるという経験を通して精神分析を学び、また境界例や複合例に精神分析を応用できる状況にあり、精神分析がその仕事の助けとなるならば、精神分析を実践する権利を与えられるべきであることは明白であり、狭量な動機からその挑戦を妨害してはならない。(1925d, S.E.19: 274f.＝全集一九：二二三)

この応答においてフロイトは私たちに、より善く、より不確かなもの、すなわち思考の自由と開かれた精神に向かうための障害となる異論を一掃することも求めている。

九　読解という問題

教育を未解決の問題群のなかに位置づけると、読者は、「ではどうすれば良いのか」と戸惑うかもしれない。しかしながら、いずれにせよ教育から愛という問題を取り除くことなどできない。そのためフロイトの精神分析は、「すでに起こったことは何なのか」というアプリオリな問いとともに開始される。彼は精神分析によって、古く不気味な教育を解体し、新たな学習のあり方を切り拓くことができるのではないかと考えていた。フロイトは、こうしたナラティブの反乱を用いることによって、構築という作業が私たちの知識に何らかの作用を及ぼしていることを示している。すなわち知識の限界を試す、不整合で相容れない考えを受け入れる、新たな意味を獲得できることに賭けてみるといった行為が、知識を構築するのである。これこそが、フロイトが文学や神話、詩的許容すなわち詩人の自由さを繰り返し検討した理由なのかもしれない。そこでは、情動は自由に動き回りながら象徴化されることになる。文学は、私たちの抵抗を表象に変換して折り返し、相容れない観念を、情動をともなう知の構築物へと組み替える。読者は意味を探し求めなければならないし、不在のものを想像しなければならない。読者はまた、読むという実践を、思考への抵抗、思考の対象、思考にとっての障害としても理解しなければならない。この点において文学は、読者に乱暴な精神分析家になることを求めるのである。私たちはフロイトの導きにしたがい、彼の友人の一人である作家、トーマス・マンの著作に再び戻り、終わりのない文学の仕事をもって本研究の結びと代えよう。

トーマス・マンの精神分析的小説『魔の山』には、現代の教育学が抱える病理を考察するための糸口がある。この小説の大半は、二人の教師がハンス・カストロプという生徒への影響力を競い合うことを軸に展開する。この教師たちはともに、快原理と現実原理という両極のあいだで揺れ動いている。両者はともに、自分の理論の心理的意味を把握できずにいるばかりか、自分の理論の由来にも無頓着である。それどころか、二人とも愛という問題に取り憑かれてしまっている。ハンス・カストロプを導く二人の教師のうちの一人、セテムブリーニの目標は、理性への信頼を通じた人類の進歩である。彼の教育学は、苦しみに満ちた世界を説明しようとするものだ。セテムブリーニは、この小説の舞台であるサナトリウムの患者でもある。ハンスと初めて会った際、セテムブリーニは、『苦しみの社会学』という百科事典のようなタイトルがつけられた自分の終わりなき研究計画をこと細かに語ってみせた。セテムブリーニは自分の疑問に自ら回答せねばならないという思いに駆り立てられていた。彼の語りの中盤に分け入ってみよう。

そこではあらゆる種類の人間の苦しみが、詳細に、徹底的に、体系的に取り扱われます。あなたはそれに対して、苦しみを分類したり、種別化したり、体系化することが何の役に立つのかと異議を唱えるかもしれません。それに私はお答えしましょう。整理と分類こそが、苦しみを克服するための第一歩なのです。真に恐ろしいのは正体不明の敵なのです。人類は、恐怖と長きにわたる虚無感が支配する原始的状態から解放され、明確な目的を持った段階へと向かわねばなりません。……苦しみは、その原因を認識し、それらを取り除いた時にはじめて克服されるのです。個人が抱えるありとあらゆる苦しみは、社会有機体が抱える病理なのです。（Mann 2005: 292f.＝一九八八：四二四）

セテムブリーニは、人間の不幸の原因を知っているると考えているが、自分自身の苦しみの原因が見えなくなっているという不幸には気づくことができない。

セテムブリーニの論敵となるもう一人の教師は、レオ・ナフタという。(26) 彼の教育学は、啓蒙主義の暴力的な暗黒面を強調するものだ。この教師は、欲望こそ人間の神経症的な存在様式の特徴なのだから、私たちは欲望を克服することなどできないと力説する。彼にとって理性、健康、美徳などは何の意味も持たない。彼は人類を統一することなどできないと主張するが、そもそも自分自身が分裂していることに気づくことができない。ナフタの教育学は端的にいえば、病こそが人間の条件であるというものであった。

なぜなら人間であることは、病であることだからだ。実際、人間はその本性からいって病んでいるのだ。病が人間を人間たらしめているのだ。にもかかわらず人間を健康にしようとし、人間を自然と調和させようとして（人は一度も自然であったことなどないのに）「自然に帰れ（return to nature)」などという者は、すなわちルソー主義の提唱者たち――野外生活の礼賛者、菜食主義者、新鮮な空気に固執する者、日光浴の主唱者など――は皆、人間を非人間化して動物に戻そうとしているのに他ならないのだ……。(Mann 2005: 550f.＝一九八八：二〇九―二一〇)

この小説の大半を占めているのは、ルソーとニーチェという二つの教育学の抗争だといえる。今日であれば、これをヒューマニズムとポスト構造主義との論争といいかえてもよいだろう。どちらも人間の抱える問題を取り上げているが、その結論は異なっている。結局のところ、この二人の教師の争いは、乱暴な教育が内包している複雑な問題を見落としているのだ。そしてこの論争は、不幸な結末を迎えることになる。二人は、この対立を解決できる方法は決闘しかないと思い詰めてしまった。そして次に示すように、その結末は満足いくものとはならなかった。セテムブリーニは依然として、相手が自分の主張を真剣に受け止めていると確信することができない。そこで彼は銃を取って空に向けて発砲し、次の一手をナフタに委ねた。するとナフタは、自分の頭を撃ち抜いてしまった。

ハンス・カストロプは、二人の教師がお互いを相殺しあうまでは彼らの危うい教育論に接しており、いずれの教師からも影響を受けるようになっていた。しかしこの無残な結末を目の当たりにすると、彼はすぐに魔の山を下り、第一次世界大戦の戦場へと消えていった。マンはフロイトと同じく、争いの無意味さという恐るべき問題を考え続けたのである。

ここで教育学という観点から、乱暴な教育をその起源にまで遡って検討してみたい。そしてマンの小説に登場した二人の教師を、教育というコインの両面を心理学的に表現したものであり、本来は切り離すことができないという視点から読み解くことにしよう。教育のあり方をコイントスで決めるしかないとすれば、そのゲームの結果、勝者と敗者に分かたれるのは必然である。マンはこの運まかせの賭けの結末を端的に示している。したがって私たちは、このマンの小説を、この賭けを文学において扱ったものとして、そして「フォルト・ダー（いない／いた）」遊びを文学によって表現したものとして読むことができるかもしれない。しかし私たちは、教育学はこのような結末を迎える必要はないという選択肢に賭けることにしたい。仮に教育が失敗を避けられないとしても、失われたものは再び見いだすことが可能なのだから。

精神という教室が示すのは、無意識という次元における教育の記録や、愛の痕跡の指標や、学習の成立以前に愛情を求めて行った学習の前史である。こうしたものが乱暴な教育を形づくっている。この別世界では、魔術的思考や空想、全能感、幼児性といったものが、愛を失うことに対する自我の不安と共存している。無意識の論理にもとづいて、学習とエロスは一つになり、転移において第二の生を得る。転移とは学習の別名なのだ。だが学習を表象するものには、それが生まれた瞬間という起点がない。実際、学習とは愛の履歴を材料とした賭けなのであり、愛の履歴こそが人を教育へと駆り立てるのである。フロイトの精神分析ができる最善のこととは、自由連想というナラティブの権利（narrative right）を行使させ、叫びや寄る辺なさ、潜在的な可能性といった、まさしく人間ならではのものすべてに耳を傾けることなのだ。そうしたものこそ、ナラティブの反乱の原料であり、学びの不確かさに至る王道となるのである。

この営みの儚さや無常さを表現し、学習とは変容であると解釈しよう。そうすれば、社会的、文化的、感情的な制限が、どのように象徴化されてきたのかを分析できるだろう。この分析のためには、複数のメタファーをかけ合わせる必要があるかもしれない。だが、抵抗が真剣に受け止められる柔軟で中立的な立場にいれば、私たちはぬかるみに足をとられて身動きがとれなくなることはない。私たちはそうした抵抗の痕跡から知の対象を形づくることができるし、学習を物語る際に障害となるものへのアプローチも修正することができるからだ。ここで私たちは、無意識や身体的欲動に影響力を行使するという、精神分析における困難な目標に足を踏み入れることになる。こうした無意識や欲動は、理性も歴史も、そしてナラティブも無視することもあるが、それらすべてに従うこともある。フロイトによれば、教育は無時間的であるということ、あるいは時間を超越しているということこそ、学習における最大の障害であり抵抗である。ナラティブ、あるいはこうした障害や抵抗を分析して言葉にするという行為こそ、私たちに時を告げ、それを流れるに任せ、また新たな時間を創造する方法なのだ。愛、抵抗、不安、防衛といった教育における対象関係は捉えどころがなく、しばしば見失われてしまうことが多い。しかしそれらこそが、心理的意味を得ることを強く求めているのである。いまや私たちは、教育がどれだけ厄介なものか理解できたと思う。この「乱暴な教育（wild education）」について熟考することによって、フロイトへ回帰する新たな道が開かれるだろう。そして主体を、夢を見ながらも目覚めていたいと願うものだと理解するならば、私たちがいま行っている教育を分析するための新たな道が開かれるのである。

註

(1) 詳しくは、用語解説を参照のこと。

(2) 詳しくは、用語解説を参照のこと。

(3) “valence”（あるいは“emotional valence”）とは、対象が人を引きつけたり回避させたりする性質、あるいは好悪といった主観的な感情の質を表す言葉。「感情価」ともいう。なお、精神分析学において“valence（valency）”は、W・R・ビオンの「原子価」としてよく知られている。

(4) 詳しくは、用語解説を参照のこと。

(5) 詳しくは、用語解説を参照のこと。

(6) 「乱暴な教育（wild education）」は、フロイトの「『横暴な』精神分析（'Wild' psychoanalysis）」(1910c) という論文から着想を得ている。詳しくは、用語解説を参照のこと。なお、岩波版の『フロイト全集』のタイトルは「『横暴な』精神分析」となっているが、本書では“wild”を「乱暴」と訳すことにする。

(7) 詳しくは、用語解説を参照のこと。

(8) 英語の“application”は、接頭辞の“ap-”（〜に向かって）とラテン語由来の語幹である“-plicate”（折り重ねる、たたむ）を語源にもつ。

(9) “screen memory”に相当する訳語は、岩波版全集では「遮蔽想起」となっているが、本書ではこれを「遮蔽記憶」と訳出することにする。詳しくは、用語解説を参照のこと。

(10) 詳しくは、用語解説を参照のこと。

（11）詳しくは、用語解説を参照のこと。
（12）詳しくは、用語解説を参照のこと。
（13）原文では、"He gives the last words to the poet, Rükert: 'What we cannot reach flying we must reach limping.'"とあり、リュッケルトに向けて書かれた言葉となっているが、実際には、この一文はリュッケルト自身によるものである。
（14）原文では、「第七章」とあるが、「第八章」の誤りであると思われる。
（15）原文では、アンナ・フロイトの生年が「一八八六年」となっているが、実際には「一八九五年」の誤りであると思われる。
（16）原文では、「五月」とあるが、実際には「六月」の誤りであると思われる。
（17）精神分析学の文献において、"boundary violations"は「境界侵犯」と訳されることが多いが、本書ではこれを「専門家として一線を越えてしまうこと」と訳出している。
（18）岩波版の全集では、"transference-love"を「転移性恋愛」と訳出しているが、本書では「転移性の愛」と訳すことにする。
（19）ドイツ語版『全集』に収録されている論文「不気味なもの（*das Unheimliche*）」では、この"home"（家庭のような馴染み深さ）と"estrangement"（馴染みのなさ）に相当する原語として、"*heimlich*"と"*unheimlich*"という語が用いられている。なお、英訳の『標準版』では、ドイツ語の"*heimlich*"の意味として"homely"が挙げられており、"*unheimlich*"は字義どおりに訳せば"unhomely"となるところを"uncanny"と表現したことが示されている。
（20）原文では"emotional valance"となっているが、"emotional valence"の誤りであると思われる。
（21）原文では"*Ouelle*"となっているが、"*Quelle*"の誤りであると思われる。
（22）"psychological significance"とは、外界の対象や表象の、ある人の心にとっての意味を指す（＝心理的意味)。またそれは、その人の心の力学を示すという意味での「心理学的意味」でもある。本章ではこの両者を使い分けるが、以上の含意に留意して頂きたい。

(23)「運命(destiny)」という語は、フロイトの「欲動と欲動運命」(1915a)が念頭に置かれている。そこでフロイトは、人間の発達史において欲動がどのように変遷していくのかについて、「運命」という言葉を用いて説明している。なお本書では、"destiny"を文脈に応じて「運命」と「行く末」に訳し分けている。

(24)"civilization"に相当するドイツ語の"*Kultur*"は『標準版』にはない。ブリッツマンの挿入。

(25)『標準版』の索引には、"Education"に関して二十四の項目がある(S.E.24: 274f.)。"unsolved problems of ~"ではS.E.11: 48の参照が示されているが、該当頁に"unsolved problems of education"という語はない。フロイトが精神分析を「子ども時代からの残滓を克服するための継続教育(prolongation of education)」と言い換えている箇所を指していると思われる。なお、当該箇所は『精神分析について』(1910a)からの引用。

(26)ブリッツマンの表記では"Herr Naphta"(ナフタ氏)となっている。

(27)"mutability"無常・儚さ。ここでは、叫びや寄る辺なさを材料として、意味を構築していくという精神分析の困難かつ終わりなき営みを指している。

文献一覧

Appignanesi, Lisa, and John Forrester. 1992. *Freud's women*. New York: Basic Books.

Bass, Alan. 1998. Sigmund Freud: The question of a Weltanschauung and of defense. In *Psychoanalytic versions of the human condition: Philosophies of life and their impact on practice*, ed. Paul Marcus and Alan Rosenberg, 412-446. New York: New York Universities Press.

Brecht, Karen, Volker Friedrich, Ludger M. Hermanns, Isidor J. Kaminer, and Dierk H. Juelich, eds. 1993. *"Here life goes on in a most peculiar way...": Psychoanalysis before and after 1933*. English edition prepared by Hella Ehlers. Trans. Christine Trollope. Hamburg: Kellner Verlag.

Breger, Louis. 2000. *Freud: Darkness in the midst of vision*. New York: Wiley and Sons.（大阪精神分析研究会訳　二〇〇七『フロイト——視野の暗点』里文出版）

Britzman, Deborah P. 1998. *Lost subjects, contested objects: Toward a psychoanalytic inquiry of learning*. Albany: State University of New York Press.

——. 2003a. *After-education: Anna Freud, Melanie Klein and psychoanalytic histories of learning*. Albany: State University of New York Press.

——. 2003b. *Practice makes practice: A critical study of learning to teach, revised edition*. Albany: State University of New York Press.

——. 2007. *Novel education: Psychoanalytic studies of learning and not learning*. New York: Peter Lang Press.

——. 2009. *The very thought of education: Psychoanalysis and the impossible professions*. Albany: State University of New York Press.

Cavell, Marcia. 1993. *The psychoanalytic mind: From Freud to philosophy. Cambridge*, MA: Harvard University Press.

Edmundson, Mark. 2007. *The death of Sigmund Freud: The legacy of his last days*. New York: Bloomsbury USA.

Engelman, Edmund. 1976. *Berggasse 19: Sigmund Freud's home and offices, Vienna 1938: The photographs of Edmund Engelman*, Intro. by Peter Gay. New York: Basic Books.

Felman, Shoshana. 1992. Education and crisis, or the vicissitudes of teaching. In *Testimony: Crisis of witnessing in literature, psychoanalysis, and history*, ed. Shoshana Felman and Dori Laub, 1-56. New York: Routledge.

Freud, Anna. 1981. A study guide to Freud's writing（1978[1977]）. In *Psychoanalytic psychology of normal development 1970-1980, the writings of Anna Freud*, vol. VIII, 209-276. New York: International University Press.

The Freud Museum. 1998. *20 Maresfield Gardens: A guide to the Freud museum*. London: Serpent's Tail.

Freud, Sigmund. 1953-1974. *The standard edition of the complete psychological works of Sigmund Freud*. Ed. and trans. James Strachey, in collaboration with Anna Freud, 24 vols. London: Hogarth Press and Institute for Psychoanalysis.（新宮一成ほか編訳　二〇〇六―二〇一〇『フロイト全集（全二二巻＋別巻）』岩波書店）

——. and Joseph Breuer. 1893-95. *Studies on hysteria*. SE 2, 2-319.（芝伸太郎訳　二〇〇八「ヒステリー研究」『フロイト全集 第二巻』岩波書店）

——. 1896. Heredity and the aetiology of the neuroses. SE 3, 143-56.（立木康介訳　二〇一〇「神経症の遺伝と病因」『フロイト全集　第三巻』岩波書店）

——. 1897a. Letter 71 (October 15, 1897). SE 1, 263-266.（J・M・マッソン編・河田晃訳　二〇〇一『フロイト フリースへの手紙　一八八七―一九〇四』誠信書房）

——. 1897b. Letter 73 (October 31, 1897). SE 1, 267.（J・M・マッソン編・河田晃訳　二〇〇一『フロイト フリースへの手紙　一八八七―一九〇四』誠信書房）

——. 1899. Screen memories. SE 3, 303-22.（角田京子訳　二〇一〇「遮蔽想起について」『フロイト全集　第三巻』岩波書店）

——. 1900a. *The interpretation of dreams (first part)*. SE 4, xxiii-338.（新宮一成訳　二〇〇七「夢解釈 I」『フロイト全集　第四巻』岩波書店）

——. 1900b. *The interpretation of dreams (second part)*. SE 5, 339-627.（新宮一成訳　二〇一一「夢解釈 II」『フロイト全集　第五巻』岩波書店）

——. 1901. *The psychopathology of everyday life*. SE 6, 1-310.（高田珠樹訳　二〇〇七「日常生活の精神病理学にむけて」『フロイト全集　第七巻』岩波書店）

——. 1905a[1901]. Fragment of an analysis of a case of hysteria. SE 7, 7-122.（渡邉俊之ほか訳　二〇〇九「あるヒステリー分析の断片［ドーラ］」『フロイト全集　第六巻』岩波書店）

——. 1905b. *Jokes and their relation to the unconscious*. SE 8, 9-258.（中岡成文訳　二〇〇八「機知——その無意識との関係」『フロイト全集　第八巻』岩波書店）

——. 1905c. *Three essays on the theory of sexuality*. SE 7, 130-245.（渡邉俊之訳　二〇〇九「性理論のための三篇」『フロイト全集　第六巻』岩波書店）

——. 1908［1907］. Creative writers and day-dreaming. SE 9, 143-153.（道籏泰三訳　二〇〇七「詩人と空

想」『フロイト全集 第九巻』岩波書店）

——. 1909[1908]. Family romances. SE 9, 237–241.（道籏泰三訳 二〇〇七「神経症者たちの家族ロマン」『フロイト全集 第九巻』岩波書店）

——. 1910a[1909]. *Five lectures on psycho-analysis*. SE 11, 9–55.（福田覚訳 二〇〇七「精神分析について」『フロイト全集 第九巻』岩波書店）

——. 1910b. A special type of choice of object made by men (contributions to the psychology of love I). SE 11, 165–175.（高田珠樹訳 二〇〇九「男性における対象選択のある特殊な型について（『性愛生活の心理学への寄与』I）」『フロイト全集 第一一巻』岩波書店）

——. 1910c. 'Wild' psycho-analysis. SE 11, 221–227.（高田珠樹訳 二〇〇九「「横暴な」精神分析について」『フロイト全集 第一一巻』岩波書店）

——. 1911. Formulations on the two principles of mental functioning. SE 12, 218–226.（高田珠樹訳 二〇〇九「心的生起の二原理に関する定式」『フロイト全集 第一一巻』岩波書店）

——. 1912. The dynamics of transference. SE 12, 97–108.（須藤訓任訳 二〇〇九「転移の力動論にむけて」『フロイト全集 第一二巻』岩波書店）

——. 1913a. On beginning the treatment (further recommendations on the technique of psycho-analysis I). SE 12, 123–144.（道籏泰三訳 二〇一〇「治療の開始のために」『フロイト全集 第一三巻』岩波書店）

——. 1913b. The claims of psycho-analysis to scientific interest. SE 13, 165–190.（福田覚訳 二〇一〇「精神分析への関心」『フロイト全集 第一三巻』岩波書店）

——. 1913c[1912–13]. *Totem and taboo: Some points of agreement between the mental lives of savages and neurotics*. SE 13, xiii–161.（門脇健訳 二〇〇九「トーテムとタブー」『フロイト全集 第一二巻』岩波書店）

——. 1914a. On the history of the psycho-analytic movement. SE 14, 7–66.（福田覚訳　二〇一〇「精神分析運動の歴史のために」『フロイト全集　第一三巻』岩波書店）
——. 1914b. On narcissism: An introduction. SE 14, 73–102.（立木康介訳　二〇一〇「ナルシシズムの導入にむけて」『フロイト全集　第一三巻』岩波書店）
——. 1914c. Remembering, repeating and working-through (further recommendations on the technique of psycho-analysis II). SE 12, 145–156.（道籏泰三訳　二〇一〇「想起、反復、反芻処理」『フロイト全集　第一三巻』岩波書店）
——. 1914d. Some reflections on a schoolboy psychology. SE 13, 241–244.（道籏泰三訳　二〇一〇「ギムナジウム生徒の心理学のために」『フロイト全集　第一三巻』岩波書店）
——. 1915a. Instincts and their vicissitudes. SE 14, 117–140.（新宮一成訳　二〇一〇「欲動と欲動運命」『フロイト全集　第一四巻』岩波書店）
——. 1915b[1914]. Observations on transference-love (further recommendations on the technique of psycho-analysis III). SE 12, 159–171.（道籏泰三訳　二〇一〇「転移性恋愛についての見解」『フロイト全集　第一三巻』岩波書店）
——. 1915c. The unconscious. SE 14, 166–215.（新宮一成訳　二〇一〇「無意識」『フロイト全集　第一四巻』岩波書店）
——. 1916–1917[1915–1917]. *Introductory lectures on psycho-analysis (parts I and II)*. SE 15, 9–239.（高田珠樹ほか訳　二〇一二「精神分析入門講義」『フロイト全集　第一五巻』岩波書店）
——. 1917a. A difficulty in the path of psycho-analysis. SE 17, 137–144.（家高洋訳　二〇一〇「精神分析のある難しさ」『フロイト全集　第一六巻』岩波書店）
——. 1917b[1916–17]. *Introductory lectures on psycho-analysis (part III)*. SE 16, 243–496.（高田珠樹ほか訳

二〇一二「精神分析入門講義」『フロイト全集　第一五巻』岩波書店）

——. 1917c[1915]. Mourning and melancholia. SE 14, 243–258.（伊藤正博訳　二〇一〇「喪とメランコリー」『フロイト全集　第一四巻』岩波書店）

——. 1919a. 'A child is being beaten': A contribution to the study of the origin of sexual perversions. SE 17, 179–204.（三谷研爾訳　二〇一〇「「子供がぶたれる」」『フロイト全集　第一六巻』岩波書店）

——. 1919b[1918]. On the teaching of psycho-analysis in universities. SE 17, 169–173.（家高洋訳　二〇一〇「精神分析は大学で教えるべきか？」『フロイト全集　第一六巻』岩波書店）

——. 1919c. The 'uncanny.' SE 17, 219–256.（藤野寛訳　二〇〇六「不気味なもの」『フロイト全集　第一七巻』岩波書店）

——. 1920a. *Beyond the pleasure principle*. SE 18, 7–64.（須藤訓任訳　二〇〇六「快原理の彼岸」『フロイト全集　第一七巻』岩波書店）

——. 1920b. A note on the prehistory of the technique of analysis. SE 18, 263–265.（須藤訓任訳　二〇〇六「分析技法の前史にむけて」『フロイト全集　第一七巻』岩波書店）

——. 1921. *Group psychology and the analysis of the ego*. SE 18, 69–143.（藤野寛訳　二〇〇六「集団心理学と自我分析」『フロイト全集　第一七巻』岩波書店）

——. 1923a. *The ego and the id*. SE 19, 12–66.（道籏泰三訳　二〇〇七「自我とエス」『フロイト全集　第一八巻』岩波書店）

——. 1923b[1922]. Two encyclopedia articles. SE 18, 235–259.（本間直樹訳　二〇〇七「「精神分析」と「リビード理論」」『フロイト全集　第一八巻』岩波書店）

——. 1925a. *An autobiographical study*. SE 20, 7–74.（家高洋ほか訳　二〇〇七「みずからを語る」『フロイト全集　第一八巻』岩波書店）

――. 1925b. Negation. SE 19, 235-239.（石田雄一訳　二〇一〇「否定」『フロイト全集　第一九巻』岩波書店）
――. 1925c[1924]. A note upon the "Mystic writing-pad" SE. 19, 227-232.（太寿堂真訳　二〇〇七「「不思議のメモ帳」についての覚え書き」」『フロイト全集　第一八巻』岩波書店）
――. 1925d. Preface to Aichhorn's *Wayward youth*. SE 19, 273-275.（大宮勘一郎訳　二〇一〇「アウグスト・アイヒホルン著『不良少年たち』へのはしがき」『フロイト全集　第一九巻』岩波書店）
――. 1925e. The resistances to psycho-analysis. SE 19, 213-222.（太寿堂真訳　二〇〇七「精神分析への抵抗」『フロイト全集　第一八巻』岩波書店）
――. 1926a[1925]. *Inhibitions, symptoms and anxiety*. SE 20, 87-174.（大宮勘一郎ほか訳　二〇一〇「制止、症状、不安」『フロイト全集　第一九巻』岩波書店）
――. 1926b. *The question of lay analysis: Conversations with an impartial person*. SE 20, 183-250.（石田雄一ほか訳　二〇一〇「素人分析の問題」『フロイト全集　第一九巻』岩波書店）
――. 1927a. *The future of an illusion*. SE 21, 5-56.（高田珠樹訳　二〇一一「ある錯覚の未来」『フロイト全集　第二〇巻』岩波書店）
――. 1927b. Postscript. SE 20, 251-258.（家高洋訳　二〇〇七「『みずからを語る』その後――一九三五年」『フロイト全集　第一八巻』岩波書店）
――. 1930a[1929]. *Civilization and its discontents*. SE 21, 64-157.（嶺秀樹ほか訳　二〇一一「文化の中の居心地悪さ」『フロイト全集　第二〇巻』岩波書店）
――. 1930b. The Goethe prize. SE 21, 208-212.（嶺秀樹訳　二〇一一「一九三〇年ゲーテ賞」『フロイト全集　第二〇巻』岩波書店）
――. 1932. My contact with Joseph Popper-Lynkeus. SE 22, 219-224.（高田珠樹訳　二〇一一「ヨーゼフ・ポッパー＝リュンコイスと私の接点」『フロイト全集　第二〇巻』岩波書店）

――. 1933[1932]. *New introductory lectures on psycho-analysis*. SE 22, 5-182.（道籏泰三訳　二〇一一「続・精神分析入門講義」『フロイト全集　第二一巻』岩波書店）

――. 1935. To Thomas Mann on his sixtieth birthday. SE 22, 255.（福田覚訳　二〇一一「トーマス・マン六十歳の誕生日に寄せて」『フロイト全集　第二一巻』岩波書店）

――. 1937a. Analysis terminable and interminable. SE 23, 216-253.（渡邉俊之訳　二〇一一「終わりのある分析と終わりのない分析」『フロイト全集　第二一巻』岩波書店）

――. 1937b. Constructions in analysis. SE 23, 257-269.（渡邉俊之訳　二〇一一「分析における構築」『フロイト全集　第二一巻』岩波書店）

――. 1939[1934-38]. *Moses and monotheism: Three essays*. SE 23, 7-137.（渡辺哲夫訳　二〇〇七「モーセという男と一神教」『フロイト全集　第二二巻』岩波書店）

――. 1940a[1938]. An outline of psycho-analysis. SE 23, 144-207.（津田均訳　二〇〇七「精神分析概説」『フロイト全集　第二二巻』岩波書店）

――. 1940b[1938]. Some elementary lessons in psycho-analysis. SE 23, 281-286.（新宮一成訳　二〇〇七「精神分析初歩教程」『フロイト全集　第二二巻』岩波書店）

――. 1940c[1938]. Splitting of the ego in the process of defense. SE 23, 275-278.（津田均訳　二〇〇七「防衛過程における自我分裂」『フロイト全集　第二二巻』岩波書店）

――. 1950[1895]. Project for a scientific psychology. SE 1, 295-343.（総田純次訳　二〇一〇「心理学草案」『フロイト全集　第三巻』岩波書店）

Gamwell, Lynn. 1989. The origins of Freud's antiquities collection. In *Sigmund Freud and art: His personal collection of antiquities*, ed. Lynn Gamwell and Richard Wells, 21-32. Binghamton: State University of New York.

Gay, Peter. 1988. *Freud: A life for our time*. New York: W. W. Norton & Company, inc.（鈴木晶訳　一九九七／二〇〇四『フロイト Ⅰ・Ⅱ』みすず書房）

Goggin, James, and Eileen Brockman Goggin. 2001. *Death of a "Jewish science": Psychoanalysis in the Third Reich*. West Lafayette, IN: Purdue University Press.

Greenberg, Valerie D. 1997. *Freud and his aphasia book: Language and the sources of psychoanalysis*. Ithaca: Cornell University Press.（安田一郎訳　二〇〇三『フロイトの失語症論——言語、そして精神分析の起源』青土社）

Grubrich-Simitis, Ilse. 1996. *Back to Freud's texts: Making silent documents speak*. Trans. Philip Slokin. New Haven: Yale University Press.

Jones, Ernest. 1972. *Sigmund Freud, life and work: Vol. I, The young Freud, 1856–1900*. London: Hogarth Press.（竹友安彦ほか訳　一九六四『フロイトの生涯』紀伊國屋書店）

——. 1974a. *Sigmund Freud, life and work: Vol. II, Years of maturity, 1901–1919*. London: Hogarth Press.（竹友安彦ほか訳　一九六四『フロイトの生涯』紀伊國屋書店）

——. 1974b. *Sigmund Freud, life and work: Vol. III, The last phase, 1919–1939*. London: Hogarth Press.（竹友安彦ほか訳　一九六四『フロイトの生涯』紀伊國屋書店）

Kerr, John. 2001. Group psychology and the analysis of the ego（1921）: The text. In *On Freud's "Group psychology and the analysis of the ego,"* ed. E. S. Person, 3–36. Hillsdale, NJ: Analytic Press.

Kofman, Sarah. 1985. *The enigma of woman: Woman in Freud's writings*. Trans. Catherine Porter. Ithaca: Cornell University Press.（鈴木晶訳　二〇〇〇『女の謎——フロイトの女性論』せりか書房）

Kristeva, Julia. 1995. *New maladies of the soul*. Trans. Ross Guberman. New York: Columbia University Press.

——. 2000. *The sense and non-sense of revolt: The powers and limits of psychoanalysis*. Trans. Jeanine Herman. New York: Columbia University Press.

Laplanche, J., and J.-B. Pontalis. 1973. *The language of psychoanalysis*. Trans. Donald Nicholson-Smith. New York: W. W. Norton & Company.（村上仁監訳　一九七七『精神分析用語辞典』みすず書房）

Makari, George. 2008. *Revolution in mind: The creation of psychoanalysis*. New York: HarperCollins Publishers.（遠藤不比人訳　二〇一〇『心の革命――精神分析の創造』みすず書房）

Mann, Thomas. 1957. Freud and the future (1936). In *Essays by Thomas Mann*, trans. H. T. Lowe-Porter, 303-324. New York: Vintage Books.（高田淑訳　一九七一「フロイトと未来」佐藤晃一ほか訳『トーマス・マン全集 第九巻 評論一』新潮社）

——. 2005[1924]. *The magic mountain: A novel*. Trans. John E. Woods. Toronto: A. A. Knopf.（関泰祐ほか訳　一九八八『魔の山（上下巻）』岩波書店）

May, Ulrike. 2008. Nineteen patients in analysis with Freud (1910-1920). *American Imago 65(1)*, 41-105.

Person, Ethel Spector, ed. 2001. *On Freud's "Group psychology and the analysis of the ego"* Hillsdale, NJ: Analytic Press.

Ricoeur, Paul. 1970. *Freud and philosophy: An essay on interpretation*. Trans. Denis Savage. New Haven, CT: Yale University Press.（久米博訳　二〇〇五『フロイトを読む――解釈学試論』新曜社）

Rieff, Phillip. 1979. *Freud: The mind of the moralist, third edition*. Chicago: University of Chicago Press.（宮武昭ほか訳　一九九九『フロイト――モラリストの精神』誠信書房）

Sachs, David. 1974. On Freud's doctrine of emotion. In *Freud: A collection of critical essays*, ed. Richard Wollheim, 132-146. New York: Anchor/Doubleday Press.

Spitz, Ellen Handler. 1994. Promethean positions. In *Freud and forbidden knowledge*, ed. Peter Rudnytsky and Ellen Handler Spitz, 26–41. New York: New York University Press.

Steiner, Riccardo. 2000. *"It is a new kind of diaspora": Explorations in the sociopolitical and cultural context of psychoanalysis*. London: Karnac Books.

Surprenant, Céline. 2008. *Freud: A guide for the perplexed*. London: Continuum Press.

Von Unwerth, Matthew. 2005. *Freud's requiem: Mourning, memory, and the invisible history of a summer walk*. New York: Riverhead Books.

Weber, Samuel. 2000. *The legend of Freud*. Expanded ed. Stanford, CA: Stanford University Press.（前田悠希訳　二〇〇九『フロイトの伝説』法政大学出版局）

Wollheim, Richard. 1991. *Freud*, 2nd ed. London: Fontana Press.（伏見俊則訳　一九七三『フロイト』新潮社）

Young-Bruehl, Elisabeth, and Christine Dunbar. 2009. *One hundred years of psychoanalysis, a timeline: 1900–2000*. Toronto: Caversham Productions.

あとがき

本書は、Deborah P. Britzman, *Freud and Education*, Routledge, 2010の全訳である。

フロイトと彼の創始した精神分析が、私たちの日常生活の一部となっていることは、「はしがき」でも記したとおりである。なかでも教育は、フロイトと精神分析の理解枠組みや概念がもっとも浸透している領域といえる。ではそうした受容が、フロイト思想の深みをすくい上げているのかといえば、疑問が残るといわざるを得ない。

教育や人間形成との関係でいえば、フロイトは主に、幼年期の心的外傷を強調するトラウマ理論として受容されてきた。「世界で最も自由な学校」として知られるイギリスのサマーヒル・スクールの創始者A・S・ニイルや、PTSD概念の主導者であるジュディス・ハーマンは、フロイトを外傷理論として受容とした典型例といえよう。これらの問題提起の意義は認めつつも、ことフロイト解釈についていえば、各論者が自分の問題関心にしたがって、フロイトの膨大な著作の一部を都合よく切り出しているという印象が否めない。

これに対して本書『フロイトと教育』は、フロイトの著作全体から彼の教育思想を内在的に再構成し、その今日的意味はどこにあるのかを描き出している。本書の根幹をなすのは、精神分析も教育もマニュアル化することはできない、という思想である。精神分析は、分析家と患者の間の愛憎入り交じったエロス的な関係に特徴づけられる。この感情的状況の基盤の一つは、患者が過去に経験した親をはじめとする重要な他者との関係だが、それは今や無意識となってしまっている。この無意識のありよう、すなわち愛情や外傷の残滓は当然ながら、個々人によって異なる。それは患者だけでなく分析家も同様であり、この無意識の折り重なりによって、その両者の間でのみ可能となる一回性のコミュニケーションが生起する。そこから普遍性を有する理論が導かれ、他のケースにも転用可能だとしても、一つのケースが、自然科学的な意味での再現可能性を有するとはいえない。

マニュアル化が不可能であるという原則は、そのまま教育にもあてはまる。教育は教育者と被教育者の間の転移関係によって成立し、あるいは破綻するからである。教育者は（そして被教育者も）、自分の過去の教育経験を反復する傾向がある。この指摘に心当たりのある読者も多いのではないだろうか。通常、この反復は無意識の裡に行われるが、その最悪の例がいわゆる虐待の連鎖だ。「かつてエスであったところを自我にする」という精神分析的な思考法は、こうした無意識の束縛から逃れるためにこそ、必要となる。フロイトが自己分析によって精神分析の創設に至ったように、私たちも、過去の教育経験の圧力に気づくことによってはじめて、そこから自由になることができるようになる。とはいえこの作業は、精神分析でいうところの抵抗を免れない。私たちはしばしば、つらい現実よりも心地よい幻想を求める。しかし、勇気を持って抵抗の背後にあるものに向き合い、過去の呪縛から解放されるならば、教育という営みを全く違う角度から理解する視野が開かれるだろう。

教員や親をはじめとして教育に携わっている方々、学生などその可能性のある皆さんにとって、本書が意義あるものになることを願っている。

著者のデボラ・P・ブリッツマン博士は、ヨーク大学（トロント）の特別研究教授（Distinguished Research Professor）であり、教育学者にして精神分析家でもある。精神分析的教育学の分野では世界を代表する研究者であることはいうまでもないが、研究領域はそれにとどまらず、教育哲学、教師教育、文学教育、女性学、クィア理論など多岐にわたる。同氏はマサチューセッツ大学を卒業後、高校の英語科教員等のキャリアを経てからマサチューセッツ大学大学院で学び、一九八五年に博士学位を取得している。その後、大学に職を得て教育学をはじめとする科目を担当しつつ、訓練を受けて精神分析家となった。現在も大学教員としての仕事を続けながら、精神分析臨床を実践している。栄誉あるカナダ王立協会フェローでもあり、「卓越した精神分析的教育家賞」（Distinguished Psychoanalytic Educator Award, International Federation for Psychoanalytic Education, 2007）をはじめとする数々の受賞歴があるが、紙幅の関係上割愛させて頂きたい。

ブリッツマン氏の主な著作は以下の通りである。

・『実践が実践をつくる』（*Practice Makes Practice*, State University of New York Press, 1991）

※アメリカ教育学会批評家賞受賞（American Educational Studies Association Critic's Book Award）

・『主体の喪失、対象の闘争——学びの精神分析的探究のために』（*Lost Subjects, Contested Objects: Toward a Psychoanalytic Inquiry of Learning*, State University of New York Press, 1998）

※アメリカ教育学会批評家賞受賞（American Educational Studies Association Critic's Book Award）

・『事後教育——アンナ・フロイト、メラニー・クライン、精神分析における学びの歴史』（*After-Education: Anna Freud, Melanie Klein, and Psychoanalytic Histories of Learning*, State University of New York Press, 2003）

・『新奇な教育——学ぶことと学ばないことの精神分析研究』（*Novel Education: Psychoanalytic Studies on Learning and Not Learning*, Peter Lang Press, 2006）

※アメリカ教育学会批評家賞受賞（American Educational Studies Association Critic's Book Award）

・『教育の核心にあるもの——精神分析と不可能な専門職』（*The Very Thought of Education: Psychoanalysis and the Impossible Professions*, State University of New York Press, 2009）

※ゲイリー・A・オルソン賞受賞：『修辞学・リテラシー・文化・政治学の学際的研究』（Gary A. Olson Award, *A Quarterly Journal for the Interdisciplinary Study of Rhetoric, Literacy, Culture, and Politics*）

・『教室のなかの精神分析家——教育における人間の存在様式について』（*A Psychoanalyst in the Classroom: On the Human Condition of Education*, State University of New York Press, 2015）

・『メラニー・クライン――児童分析、遊び、自由の問題』（*Melanie Klein: Early Analysis, Play, and the Question of Freedom*, Springer, 2016）
・『教育に対する期待――教育を精神分析的に構想するということ』（*Anticipating Education: Concepts for Imaging Pedagogy with Psychoanalysis*, Myers Education Press, 2021）

精神分析を研究する教育学者は世界的にみても非常に少ない。そうしたなかで、ブリッツマン氏の *Lost Subjects, Contested Objects: Toward a Psychoanalytic Inquiry of Learning* は画期的なものであった。同書に触れて以降、彼女は私たちにとって常に「気になる」研究者であり続けてきたが、日々に追われてなかなか本格的に向き合う時間をとれないままでいた。

日本の教育学では、精神分析を対象とする研究者は他国よりも困難を抱えている。精神分析の実践が欧米諸国に比して根づいていないし、また戦後の教育学はながらく性善説的な子ども観にもとづいてきたからである。さらに昨今の教師教育や保育者教育では、哲学・思想・歴史といった原理的な研究を忌避する傾向が否めない。私たちが精神分析を対象とする新たなプロジェクトを立ち上げた背景には、こうした状況に多少なりとも抗いたいという気持ちがあったことを告白しておくべきかもしれない。そうして下司と須川が波多野・関根・後藤に声をかけ、会合を持ったのが二〇一八年初頭だった。その場で、本書の翻訳に着手することが決まり、同年末までには最初の訳が完成した。

そしてブリッツマン博士に連絡を取らなければならないと考えていた矢先、事態を一気に進展してくれたのが、マリオ・ディ・パオラントニオ（Mario Di Paolantonio）博士との出会いだった。訳者のうち下司・須川・関根は、二〇一八年一二月七日から同月一一日にかけてニュージーランドのロトルアで開催されたPhilosophy of Education Society of Australasia（PESA）に参加した。大会自体も刺激的だったが、さらに驚いたのは、その帰路の国内便で下司の隣の席に座っていたのが、偶然にもブリッツマン氏の同僚であるパオラントニオ氏だったのである。そうとは知らずに、彼の読んでいた本に興味を持って拙い英語で話しかけたところ、ブリッツマン氏の研究にも話題が及び、私たちが『フロイトと教育』の翻訳を進めていることを告げると、さっそく仲介の労をとって下さった。

こうしてブリッツマン氏との国際交流がはじまった。本書の翻訳出版についてはすぐに内諾を頂くことができた。また同氏を二〇二〇年秋に日本に招聘して共同研究を行うべく、準備を進めていた。ありがたくも同氏を日本に招聘するための科学研究費補助金を得られることになったのだが、その後の新型コロナウィルス感染症（COVID－19）の世界的な流行により、この計画は頓挫してしまった。

悲嘆にくれつつも交流は継続された。なかでも、二〇二〇年に開催された教育哲学会第六三回大会（於 日本大学文理学部、オンライン開催）の研究討議「精神分析と教育――教育理論としてのフロイト思想」に、ブリッツマン氏にも登壇して頂くことができたのは私たちにとって大きな喜びであった。この内容は教育哲学会『教育哲学研究』第一二三号（二〇二一年五月）、および同会の*E-Journal of Philosophy of Education: International Yearbook of the Philosophy of Education Society of Japan*, vol. 6, 2021に掲載されている（後者はＷｅｂ上で無料公開されている）。本書とあわせてご高覧頂きたい。

本書の翻訳は、最初に須川が中心となって訳語を統一したうえで、第一章を後藤、第二章を須川、第三章を波多野、第四章を関根、第五章を下司が担当した。その後、相互に訳を検討したうえで、さらに須川が全ての章の原文と邦訳を照応して再検討し、下司がチェックを行った。このなかで改めて学んだことも非常に多い。

思想は文体に宿るといわれるが、それは本書にもあてはまる。ブリッツマン氏独特の文体や言い回しは、英語で読めば明快である。しかしこれを専門家以外にも伝わる日本語にしようとすると、訳者の力量が試されることになる。"Wild education"をはじめ、多義的で複層的な意味合いを持つ語はもちろん、論理構成や比喩表現等を日本語に移し替えることで失われたニュアンスもあると思う。また、自然な日本語を心がけるなかで意訳した部分も多い。その評価は読者に委ねるしかないが、いずれにせよ、誤訳等の責任は監訳者にある。お気づきの点があれば、お教え頂ければ幸いである。

訳語の選定についても触れておくべきだろう。フロイトの日本語訳はさまざまに存在するが、なんといってもその代表格は、長らく親しまれてきた人文書院版『フロイト著作集』と、今世紀に入ってから刊行された岩波書店版『フロイト全集』である。フロイトの全著作を日本語に訳すという『全集』の偉業はいくら賞賛してもしすぎることはない。従来の訳が見直されたことにも大きな意味があることはいうまでもない。とはいえ『著作集』で育ち、その邦題や用語に慣れ親しんできた世代の訳者のうちには、新訳に対して戸惑いがあったことも否めない。そこで本書では、次の方針をとることとした。巻末に挙示したフロイトの著作の邦題は、『全集』にしたがった。しかし本文中では論の展開上、必ずしもこれに準じていない場合もある(『全集』の「『横暴な』精神分析について」を『著作集』の「『乱暴な』分析について」とする等)。精神分析の専門用語についても、『全集』を基礎としつつ『著作集』や他書を参照しながら、適宜変更を行っている。なお、本書に特有の概念については、巻末に解説を付すことにした。これらの試みが奏功しているかについても、読者の批判を待ちたい。

本書の刊行に至るまでには、多くの方々にお力添え頂いた。最初に著者であるデボラ・ブリッツマン氏と、そして同氏との仲介役になって下さったマリオ・ディ・パオラントニオ氏に深く感謝したい。またエリクソンの研究でも知られる西平直先生(京都大学・当時)には、このプロジェクトを進める途上でさまざまなアドヴァイスを頂いた。訳者のうち須川、波多野、関根は東京大学大学院における、後藤は京都大学大学院における西平先生のゼミ生であり、私たちの交流の架け橋となって下さったのも西平先生である。あらためて感謝の気持ちを記しておきたい。出版がことのほか遅れてしまった原因は、全て監訳者の至らなさによるものである。ブリッツマン氏をはじめとする関係各位にはお詫びしたい。

出版にあたっては、勁草書房の藤尾やしおさんに大変にお世話になった。藤尾さんは、ただでさえ厳しい出版業界の状況に加えて、コロナ禍によって新たな混乱が生じているなか、親身に相談に乗って下さり、ひとかたならぬ労力を割いて下さった。訳者を代表して心よりお礼を申しあげたい。

繰り返しになるが、本書の根底にあるのは、教育はマニュアル化できないという思想である。翻って日本の教育政策には、あたかも教育をマニュアル化すればあらゆる問題が解決するかのような前提がみてとれる。マニュアル化の波は、教師－生徒間の指導のみならず、現職教員の研修や再教育にまでに及んでいる。そしてコロナ禍によるICT教育の急激な推進は、この傾向に一層拍車をかけたように思う。こうした動向に違和感を覚える人々にとって、ブリッツマン－フロイトの思想は導きの糸となるはずだ。

本書が、教育という営みにさまざまな形で携わる方々に、幾ばくかの光をもたらすことができることを願いつつ、ひとまず筆を置きたい。

二〇二二年八月

訳者を代表して　下司　晶

須川　公央

＊本書は、科学研究費補助金「精神分析的教育学の新たな展開——教師教育・保育者養成への接続可能性の検討」（基盤研究（C）課題番号20K02524、二〇二〇—二〇二三年度、代表　下司　晶）による研究成果の一部である。

【著者略歴】

Deborah P. Britzman（デボラ・P・ブリッツマン）

マサチューセッツ大学大学院修了。教育学博士（Ed.D.)。高校教師、ビンガムトン大学（Binghamton University）准教授等を経て、現在、カナダ王立協会フェロー（Fellow of the Royal Society of Canada)、カナダ・トロントのヨーク大学特別研究教授（Distinguished Research Professor at York University)、精神分析家。主著：*The Very Thought of Education: Psychoanalysis and the Impossible Professions*. SUNY Press, 2009.（ゲイリー・A・オルソン賞受賞), *A Psychoanalyst in the Classroom: On the Human Condition in Education*. SUNY Press, 2015., *Melanie Klein: Early Analysis, Play, and the Question of Freedom*. Springer Press, 2016., *Anticipating Education: Concepts for Imaging Pedagogy with Psychoanalysis*. Myers Education Press, 2021. ほか。

【監訳者略歴】

下司　晶（げし あきら）　第5章担当

1971年生。中央大学文学部教授。専門は教育哲学・教育思想史、精神分析思想。中央大学大学院文学研究科博士後期課程単位取得退学。博士（教育学)。教育哲学会理事、教育思想史学会理事。主著：『〈精神分析的子ども〉の誕生』（東京大学出版会、2006)、『教員養成を哲学する』（共編著、東信堂、2014)、『「甘え」と「自律」の教育学』（編著、世織書房、2015)、『教育思想のポストモダン』（勁草書房、2016）ほか。

須川 公央（すかわ きみひろ）　第2章担当

1975年生。白梅学園大学子ども学部准教授。教育哲学・教育人間学。東京大学大学院教育学研究科博士課程単位取得満期退学。主著：『ケアと人間——心理・教育・宗教』（共著、ミネルヴァ書房、2013)、『「甘え」と「自律」の教育学』（共著、世織書房、2015)、『教員養成を問いなおす』（共編著、東洋館出版社、2016）ほか。

【訳者略歴】

波多野 名奈（はたの なな）　第3章担当

1976年生。千葉経済大学短期大学部准教授。専門は教育哲学・保育学。東京大学大学院教育学研究科博士課程単位取得満期退学。主論文：「D. W. Winnicottにおける「環境」と「個体」の有機的連関」（『こども環境学研

究』第3巻第3号、2008)、「保育実践における観察方法に関する理論的検討」(『千葉経済大学短期大学部研究紀要』第13号、2017)、「ボウルビィの「母的養育」と自我発達」(『児童学研究』第42号、2018)、「自我形成における皮膚の経験と機能」(『教育哲学研究』第123号、2021)ほか。

関根 宏朗(せきね ひろあき)　第4章担当
1980年生。明治大学文学部准教授。専門は教育人間学・教育思想。東京大学大学院教育学研究科博士課程修了。博士(教育学)。主著:『「甘え」と「自律」の教育学』(共著、世織書房、2015)、『教員養成を問いなおす』(共編著、東洋館出版社、2016)、『ワークで学ぶ教育課程論』(共著、ナカニシヤ出版、2018)、『教育原理』(共著、ミネルヴァ書房、2018)ほか。

後藤 悠帆(ごとう ゆうほ)　第1章担当
1992年生。ドルトムント工科大学非常勤講師。専門は臨床教育学・教育哲学。京都大学大学院教育学研究科博士課程修了。博士(教育学)。主論文:「フロイトのナルシシズム論における自己愛と自己肯定感」(『教育哲学研究』教育哲学会、第114号、2016)、「中村古峡の大本教批判を支えた思想的背景」(『統合人間学研究』統合人間学会、第2号、2019)、「症例「鼠男」における自我変容としての道徳性」(『京都大学大学院教育学研究科紀要』京都大学大学院教育学研究科、第67号、2021)ほか。

人名索引

ア行

カ行

サ行

タ行

ナ行

ハ行

マ行

ヤ行

ラ行

事項索引

ア行

カ行

サ行

タ行

ナ行

ハ行

マ行

ヤ行

ラ行

用語解説

本書の読解に際して鍵となる用語について簡単な解説を付記する。

精神分析の専門用語については、特に注記が必要と思われるもの以外は記載していないので、下記の文献などを参照されたい。

- 小此木啓吾『フロイト思想のキーワード』講談社現代新書、2002年
- 小此木啓吾（編集代表）『精神分析事典』岩崎学術出版社、2002年
- B. E. ムーア，B. D. ファイン（福島章監訳）『精神分析事典』新曜社、1995年
- J. ラプランシュ，J.-B. ポンタリス（村上仁監訳）『精神分析用語辞典』みすず書房、1977年

ただしフロイトや精神分析の訳語については、『フロイト著作集』（人文書院、1968-1984年）を軸としてある程度の共通了解があったところを、『フロイト全集』（岩波書店、2006-2020年）が大幅に見直したという経緯がある。そのため上記文献の訳語は、ほぼ『フロイト著作集』に準じており、『フロイト全集』とは必ずしも対応していないので注意が必要である。

本書が採用した訳語については索引を参照して欲しい。他の代表的な訳も併記している。

例）遮蔽記憶（screen memory、隠蔽記憶、遮蔽想起）

感情的状況（emotional situation）

ブリッツマンの基本概念の一つ。ブリッツマン（2020）によれば、「状況（situation）という語は、時間や場所、出来事、情勢、構え、

出会いのすべてを指し示す言葉」（邦訳7頁）である。感情的状況とは、たとえば転移がそうであるように、分析関係や教育関係において生起するさまざまな感情が交錯する場面ないしは出来事それ自体を指す。そこでは患者や学習者（および分析家や教育者）の感情が時空を超えて生起し、防衛機制という形でそうした感情に対する構えが形づくられ、感情のやり取りを通して過去の対人関係が再演（enactment）されることになる。感情的状況はまた、他者の感情との出会いや自らの感情との出会い直しの場面でもある。それは精神分析における構築（construction）の作業に欠かせない素材を提供する機会ともなる。

構築／構築物（construction ／ constructions）

幼児期の忘れ去られた出来事を分析家が再構成すること。解釈（interpretation）と混同されがちであるが、解釈がもっぱら症状や失錯行為といった個々の要素に意味を付与する介入であるのに対して、構築は幼児期に根ざした体験や、それによって引き起こされた感情的状況をより包括的に再構成する作業を指す。フロイトは構築の作業それ自体を“construction（*Konstruktion*）”、その作業によって事後的に構築されたものを“constructions（*Konstruktionen*）”として両者を厳密に使い分けている。本書もそれに倣って前者を「構築」、後者を「構築物」と訳出している。

詩的許容（poetic license）

英国の詩人ジョン・ドライデン（Dryden, J., 1631-1700）の定義によれば、「詩においては、散文の厳格な規則を超える事柄を語って構わないという、時代を問わず享受すべき当然の権利として詩人が見なしてきた自由」（『世界文学大事典』349頁）である。フロイト（1908 [1907]）は、詩人の創作活動を子どもの遊びに例えている。詩人も子どもも、現実とは区別される空想の世界を作り出す。空想は、夢がそ

うであるように、欲望が無意識の論理によって歪曲されて表現されたものである。詩人は白昼夢を見る人であり、詩的創作は白昼夢なのだ。その上でフロイト（1910a）は詩的許容について、精神分析家もまた、詩人のように通常の言語使用の規則（文法）を逸脱する形で心の状態を描き出す権利があると述べている。無意識が複数の表象を一つにし（圧縮）、ある表象を別のものと入れ替え（置き換え）、隠喩や換喩といった形で詩的許容を縦横無尽に駆使するように、分析家もまた詩的許容を用いて無意識の言語を解釈する自由を行使すべきだというのである。

詩的正義（poetic justice）

英国の詩人トマス・ライマー（Rymer, T., 1643–1713）による造語。元々は文学作品において、最終的に善が勝ち、悪は滅びるべきであるという勧善懲悪、因果応報の文学観を指す。ブリッツマンは転じてこれを一種の宿命ないしは業（*karma*）として捉え、フロイトの精神分析においては詩的許容の行使が運命づけられているということ、平たくいえば無意識を詩的に解釈することの必然性や正当性といった意味で用いている。

遮蔽記憶（screen memory）

際立った鮮明さをもって現れると同時に、一見すると無意味な内容を持つ記憶（厳密には「想起されたもの」）のこと。この記憶はそれ自体として、過去に起こった実際の出来事を忠実に反映しているわけではなく、むしろそれに覆いをかけ否認するような妥協形成の産物である。フロイト（1899）によれば、「遮蔽記憶（*Deckerinnerungen*）の概念は、その記憶の価値がそれ自体の内容にあるのではなく、その内容と別の抑え込まれた内容との関係にあるような記憶」（邦訳 348 頁）である。その意味で遮蔽記憶は、過去の出来事に関する無意識の代理

表象といえる。“*Deckerinnerungen*”は、人文書院版『フロイト著作集』では「隠蔽記憶」と訳されてきたこともあり、往々にして無意識のうちに抑圧された記憶をイメージしがちである。しかし実際には、「遮蔽機能を有する想起されたもの」が正しい。本書では、岩波版『フロイト全集』の「遮蔽想起」という訳語を採用することも考えたが、「想起」という動作性名詞から「想起されたもの」をイメージしづらいこともあり、折衷案として「遮蔽記憶」という訳語を考案した。

反復強迫（compulsion to repeat）

強迫観念や強迫行為のように、過去の苦痛な体験や出来事を反復することによって、その苦痛を現在において繰り返し体験すること。反復強迫という概念は、1914年の論文「想起、反復、反芻処理」において萌芽的に示されてはいるものの、本格的な検討が開始されるのは1920年に出版された『快原理の彼岸』においてである。フロイト（1920）は本書において、従来のリビドー的な満足を希求する快原理では反復強迫を説明することができないと主張し、それを新たに無機物への回帰を志向する死の欲動と結びつけて論じなおしている。一方で反復強迫は、「フォルト／ダー（いない／いた）」の遊びに見られるように、受動的に被った外傷体験をみずから能動的に制御するという修復的かつ創造的な性格をもつという点も後年指摘されているところである。

反論（抵抗、異論）・対象・障害（objection, object, obstacle）

ブリッツマンは“objection”という語をきわめて多義的に用いており、意識に対する無意識の「抵抗（objection）」、分析家（教師）に対する患者（学習者）の「反論（objection）」、精神分析理論に対する批判者たちの「異議や異論（objection）」など、文脈によってそのニュアンスは異なる。こうした種々の“objections”は、分析（あるいは

学習）過程において、転移や不安、防衛機制、構築物といった分析可能な「対象物（objects）」へと姿形を変えることになる。一方で、それらは分析「対象（objects）」であると同時に、時として精神分析の実践や学びを妨げる「障害（obstacles）」となって立ち現れてくることもある。抵抗・反論（objection）、対象（object）、障害（obstacle）のいずれもが、精神分析と学習の成立にとって不可欠な素材なのである。

ナラティブの権利（narrative rights ／ right for narrative）

ポストコロニアル理論に立脚する批評家ホミ・バーバ（2009）によれば、ナラティブの権利とは「自由に対する人間の根源的関心のメタファーであり、自分の話に耳を傾けてもらい、認められ表象してもらう権利」（邦訳７頁）を意味する。彼はポストコロニアリズムの立場から西洋中心主義を問いなおし、これまで西洋の周縁として戯画化されて描き出されることの多かった非西洋にも、独自の言葉で自らを語る権利があると主張する。ブリッツマンはこれを心の構造にアナロジカルに転用することで、意識（西洋）に対して、無意識（非西洋）が独自の語りをする権利があると述べている。

ナラティブの反乱（narrative revolts）

ジュリア・クリステヴァ（Kristeva, J., 1941-）に負う概念。自由連想に見られるように、意識に抗する形で言葉があふれ出ることで、それまでの自己の語りや物語を転覆すること。それによって自己の物語（歴史叙述をともなう自己理解）は刷新されることになる。クリステヴァ（2000）は、“revolt” や “revolution” に相当する言葉の語源をたどるなかで、元来この言葉は、変遷、転換、転覆などを表しており、それらが政治的な意味を持つようになったのはフランス革命期以降であると指摘している。ブリッツマンはこれを転用し、意識や自我への抵抗をともなう語り、すなわち否定や取り消しなどをともなう防衛的

な語りを、思考の働きによって意識化し、象徴化する作業を通して、それまでの自己の物語（自己のあり様の理解）は転覆させられ、刷新されるという意味で用いている。

乱暴な教育（wild education）

フロイトの 1910 年の論文「『横暴な』精神分析について（‘wild’ psychoanalysis)」で示された論点をブリッツマンが教育事象の分析に転用したもの。フロイト（1910b）は同論文のなかで、精神分析の訓練を受けていないにもかかわらず、患者に性的な解釈を与える治療者を批判している。乱暴（wild）な分析という言葉には、一方でその治療が「強引で乱暴（wild)」であること、他方でこうした乱暴な治療を行う者が、みずから精神分析を受けるという訓練を経ていないということ、すなわち「人の手が加わっていない野生的・自生的な（wild)」存在であること、という二重の意味が含まれている。ブリッツマンはこれを転じて、「乱暴な教育」を、教育者が自らの無意識を省察できていない無自覚的な教育、すなわち「手入れをされていない自生的な(wild)」教育が、往々にして子どもや被教育者に対して「荒々しく(wild)」なってしまうという意味で用いている。

【参照文献】

Bhabha, H. K. 2009. *Collections of Essays*. Tokyo: Misuzu Shobo（磯前順一ほか訳『ナラティヴの権利――戸惑いの生へ向けて』みすず書房、2009 年）

Britzman, D. P. 2020. Freudian thought as an educational theory for otherness: Second Thoughts.（須川公央訳「他者性の教育理論としてのフロイト思想――再論」教育哲学会編『精神分析と教育――質問・コメント・回答集』教育哲学会第 63 回大会研究討議、2021 年）

Freud, S. 1899. Screen memories. SE 3, 303-322.（角田京子訳「遮蔽想起について」『フロイト全集 第 3 巻』岩波書店、2010 年）

——. 1908[1907]. Creative writers and day-dreaming. SE 9, 143-153.（道籏泰三訳「詩人と空想」『フロイト全集 第9巻』岩波書店、2007年）

——. 1910a. A special type of choice of object made by men (contributions to the psychology of love I). SE 11, 165-175.（高田珠樹訳「男性における対象選択のある特殊な型について（『性愛生活の心理学への寄与』 I）」『フロイト全集 第11巻』岩波書店、2009年）

——. 1910b. 'Wild' psycho-analysis. SE 11, 221-227.（高田珠樹訳「「横暴な」精神分析について」『フロイト全集 第11巻』岩波書店、2009年）

——. 1920. *Beyond the pleasure principle*. SE 18, 7-64.（須藤訓任訳「快原理の彼岸」『フロイト全集 第17巻』岩波書店、2006年）

Kristeva, J. 2000. *The sense and non-sense of revolt: The powers and limits of psychoanalysis*. Trans. Jeanine Herman. New York: Columbia University Press.

『世界文学大事典』編集委員会編『集英社 世界文学大事典』第5巻、1997年

フロイトと教育

2022年 8 月20日　第 1 版第 1 刷発行

著　者　デボラ・P・ブリッツマン
監訳者　下司　晶・須川公央
訳　者　波多野名奈・関根宏朗・後藤悠帆
発行者　井　村　寿　人

発行所　株式会社　勁《けい》　草《そう》　書　房
112-0005 東京都文京区水道2-1-1　振替 00150-2-175253
（編集）電話 03-3815-5277／FAX 03-3814-6968
（営業）電話 03-3814-6861／FAX 03-3814-6854
平文社・松岳社

ISBN978-4-326-29935-5　　Printed in Japan